잡스 사용법

잡스 사용법

한미화 지음

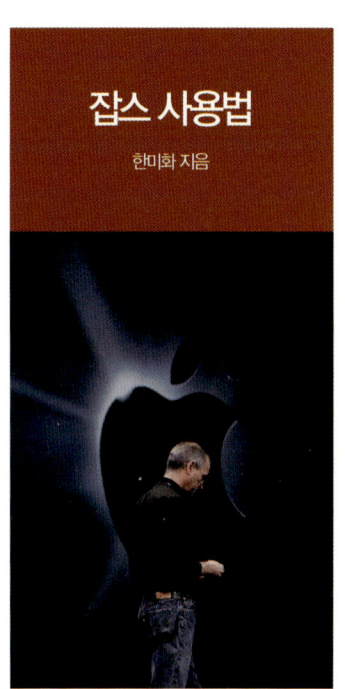

머리말

스티브 잡스가
남긴 유산을 사용하는 법

 2011년 10월 5일 스티브 잡스가 사망하자 전 세계적인 추모 열기가 일었다. 그의 생애를 조명하는 기사가 연이어 선보였고, 많은 기업인들이 잡스와 얽힌 이해관계를 떠나 그의 죽음을 안타까워했다. 에릭 슈미트 구글 회장은 스티브 잡스의 사망 소식에 "그는 지난 50년간, 혹은 어쩌면 100년간 미국에서 가장 성공한 경영자였다. 애플을 특별한 회사로 이끄는 예술가적 기질과 엔지니어의 비전을 결합한 인물이었다."고 애도했다. 빌 게이츠 전 마이크로소프트 회장은 "스티브와 나는 30여 년 전 처음 만나 인생의 절반을 경쟁자로, 친구로 지냈다. 스티브가 이 세상에서 이룬 것을 다시 할 수 있는 사람을 찾기는 매우 어려울 것이며 이는 후대에도 많은 영향을 미칠 것이다."라고 말했다. 애플의 공동창업자인 스티브 워즈니악과 월트 디즈니 CEO인

로버트 아이거 역시 스티브 잡스가 '상상력과 창조력을 지닌 최고의 경영자'라는 사실을 강조했다.

그의 죽음으로 촉발된 애도 열기가 아니더라도 잡스는 우리 시대를 상징하는 아이콘이 분명하다. 그는 아이맥, 아이팟, 아이폰, 아이패드를 연달아 발표하며 애플을 IT업계의 최고의 기업으로 만들었다. 그가 발표한 혁신적인 제품들은 새로운 시장을 창조하였고, 소비자들의 음악 감상과 컴퓨팅 습관 등 라이프스타일까지 바꿔놓았다.

하지만 스티브 잡스는 이런 존경과 함께 비난도 많이 받는다. 성공한 것은 분명하지만 그가 상당히 이중적인 면모를 지닌 인물이었기 때문이다. 업적을 평가하는 데 인색할 필요는 없지만, 겉으로 드러난 성공만 가지고 평가하는 것은 상당히 위험하다.

잡스는 스스로 인정하듯 냉정과 열정 사이를 왔다 갔다 하는 미묘하고 불안정한 성격을 지녔다. 이런 불안정한 성격은 공격성과 타인에 대한 배려심 부족으로 나타났다. 그의 내면이 그가 이룬 부와 명성에 미치지 못했기 때문이다. 예컨대 1980년 애플이 기업을 공개했을 때 대학 시절부터 친구였을 뿐 아니라 애플 창업 때부터 함께 했던 대니얼 콧키는 주식을 단 한 주도 받지 못했다. 1978년 잡스의 여자 친구였던 크리스앤 브레넌이 첫딸 리사를 낳았고 1년 후 유전자 검사로 친부임이 확인되었지만 10여 년간 딸을 인정하지 않았다. 인정머리 없고 무정하기 이를 데 없는 사람이었다.

기업인으로서의 윤리적 자세에도 문제가 있었다. 그는 충직하고 자신의 말에 책임을 지는 타입이 아니었으며, 이율배반적이고 모순적인 성향이 강했다. 1994년 선보인 매킨토시의 그래픽 사용자 인터페이스는 애플이 처음 개발한 것이 아니라 제록스 팔로알토 연구소의 기술을 베꼈다는 사실은 널리 알려져 있다. 그는 이 사실을 지적받고는 "위대한 아이디어를 훔치는 것에 대해서는 부끄러움을 느낀 적이 없다."고 떳떳하게 말했다. 하지만 애플의 경쟁적 관계인 기업에 대해서는 독설을 서슴지 않았다. 2011년 아이패드 2 발표 행사에서 삼성, HP, 모토로라 등의 로고를 보여 준 후 "2011년이 카피캣copycat의 한 해가 될 것 같으냐?"는 감정 섞인 발언을 했다. 그러고는 삼성의 갤럭시탭을 필두로 한 7인치 태블릿 PC를 두고 "출시하는 즉시 사망할 운명"이라며 적개심을 표현했다. 자신의 모방은 창조적 모방이고, 경쟁자들의 모방은 그대로 베낀 것이라고 이율배반적인 주장을 한다.

사실 애플이 지구상에 처음 선보인 제품은 하나도 없다. 애플의 제품들은 대부분 앞선 누군가가 만든 기기를 편집하거나 아이디어 믹싱한 결과였다. 아이팟을 '애플이 지구상에 존재하는 이유'라고 치켜세웠지만 최초로 상업화된 MP3 플레이어는 1998년 새한정보시스템이 개발한 엠피맨이었다. 오늘날의 애플을 있게 한 아이폰이나 아이패드도 마찬가지이다. 잡스와 애플은 다른 기업이 선보인 제품이나 주목받지 못한 기술을 가져다 좀 더 혁신적으로 개선하고 포장하는 데 탁월한 재능을 보였다. 모방 또는 창조적 모방을 통해 새로운 제품을 만들어 놓고는 늘 애플의 제품만이 최고로 혁신적인 제품이며, 경쟁 제품은 시장을 암흑으로 빠뜨리고 혁신을 멈추게 할 것이라고 비난했다.

오늘날 애플은 전 세계에서 경쟁기업과 수많은 특허 소송을 하고 있다. 애플이 주로 디자인과 인터페이스를 침해했다고 소송을 제기하는 반면 경쟁사들은 자신의 기술 특허를 침해했다고 소송을 제기한다. 특히 애플은 아이폰과 아이패드에 꼭 필요한 무선통신 기술에 대해서 많은 소송을 당한다. 이런 소송에서 애플은 심심치 않게 패소한다. 창조적 모방이 아니라 그대로 베꼈다는 뜻이다. 이런 경우까지 잡스나 애플이 옳았다고 할 수는 없다.

이런 점 때문에 잡스를 한 측면에서만 바라보는 건 위험하다. 잡스를 맹목적으로 추앙해서도 안 되고 무조건 폄하해서도 안 된다. 그가 이룬 혁신과 성공의 원칙을 제대로 이해하기 위해서는 냉정하고 객관적으로 바라보아야 한다.

『잡스 사용법』은 잡스의 삶과 그가 이룬 성과와 남긴 유산을 냉정하고 객관적으로 살펴본 책이다. 『잡스 사용법』은 잡스가 어떤 리더인가, 혁신과 디자인 철학의 핵심은 무엇인가, 그는 어떻게 자기 삶을 개척했는가에 대한 답을 찾는 과정이다. 사실 잡스에 관해서는 많이 알려져 있다. 그의 드라마 같은 삶도 화제였고 모난 성격이나 독선도 널리 알려져 있고, 성공 이유에 대한 분석도 많았다. 그럼에도 『잡스 사용법』을 다시 읽을 필요가 있다. 겉으로 드러난 성공 이유 몇 가지를 훑고 지나가는 것이 아니라 삶과 비즈니스에서 그가 보여 준 원칙을 제대로 이해하고, 더 나아가 그의 유산을 자신의 삶에 적용시키고자 하는 사람이라면 잡스를 다시 읽을 필요가 있다. 누구나 일상적으로 능력이나 성과를 고민하고, 삶의 불안에 시달린다. 책을 읽거나 교육을 받는 것으로 그 갈증을 채우려 하지만 원하는 결과를 얻기란 어렵다. 그저 아는 것과 직접 삶에 적용하는 것은 다르기 때문이다. 스티브 잡스는 이 점에서 많은 통찰을 안겨 준다. 그는 추상적이고 이론적인 경영 원리가 아니라 자신의 삶과 애플이라는 구체성을 통해 그 통찰을 실천했기 때문이다. 이 책은 잡스의 삶과 리더십 그리고 혁신과 디자인에 대한 통찰을 이해하고 자신의 삶에 올바로 적용시켜 사용하고자 하는 사람을 위한 책이다. 그래서 이 책의 제목이 『잡스 사용법』이다. 잡스가 보여 준 통찰을 체계적으로 살펴 우리 삶과 비즈니스에서 사용하고 변화를 꾀하자는 뜻이다.

『잡스 사용법』은 그의 말을 나침반으로 삼아 잡스의 삶과 비즈니스를 삶, 혁신, 리더십, 디자인으로 나누어 살펴보았다. 잡스는 그렇게 간단한 사람이 아니다. 그는 추상적인 표현을 즐겨 했고 상황을 모면하기 위해 임기응변으로 발언한 경우도 많다. 또 그 말을 했을 무렵 애플의 상황이나 배경을 이해하지 못한다면 진의를 오해할 소지도 많다. 다시 말해 잡스를 온전히 이해하고 그가 남긴 말이나 유산을 제대로 알려면 맥락을 알아야 한다. 그래서 『잡스 사용법』에서는 잡스를 일방적으로 재단하지 않고 그가 이룬 성공의 원칙들을 객관적이고 구체적으로 살피고자 노력했다. 그가 했던 말의 전후사정을 살피고 콘텍스트context를 해석해 혹여 사실이 아니거나 왜곡된 내용은 바로잡았다. 그러지 않으면 무조건 잡스가 뛰어나고 혁신적이라는 함정에 빠질 수 있기 때문이다. 진실과 구체성이 빠진 접근은 그의 추종자가 되기에는 적합하겠지만 우리의 삶이나 비즈니스를 변화시킬 수는 없기 때문이다. 그래서 다소 모호하거나 추상적인 그의 말들이 가리키는 핵심 내용을 보다 분명히 보여 주기 위해 최선을 다했다.

　이 책은 모두 42개의 글로 이루어져 있다. 주제에 따라 삶, 혁신, 리더십, 디자인 등 4부로 나누어 놓았지만, 주제나 차례와 상관없이 관심이 있고 당장 필요한 부분부터 읽을 수 있도록 독립적으로 구성했다. 기업의 관리자라면 '혁신'이나 '리더십'부터, 디자인에 관심이 많다면 '디자인'부터, 삶의 가치관이나 철학을 정립할 필요가 있다면 '삶'부터 읽어도 무방하다. 관심이 닿는 부분부터 읽다가 처음으로 돌아와 찬찬히 살펴보는 것도 가능하다. 기업의 교육 담당자라면 이 책에 담긴 여러 주제에 관한 잡스의 말과 실천을 차례대로 설명하는 것만으로 혁신이나 리더십, 디자인의 핵심을 잘 전달할 수 있을 것이다. 또 개인적인 결단이 필요할 때 멘토로서 그가 했던 말들이 도움이 될 것이다. 다른 경제경영서나 자기계발서처럼 구태여 따로 '잡스 사용법'을 정리해 제시하지는 않았다. 그저 있는 그대로 '직관적으로' 받아들이는 것이 더 많은 사용법을 얻을 수 있다고 생각했기 때문이다.

　흔히 스티브 잡스를 '꿈을 창조하는 선지자이자 뛰어난 경영자'라고 부른다. 그 말처럼 그는 과거가 아니라 미래를 꿈꾸는 사람이었다. 이루고 싶은 비전을 위해 불가능을 가능하게 할 만큼 열정적으로 일했다. 돈이나 결과를 목표로 삼지 않고 자신이 사랑하는 일을 하고 있다는 사실 자체에 만족했다. 그러다 실패를 하기도 했지만 포기하지 않았다. 1985년 애플에서 물러났을 때, 1993년 넥스트가 판매가 부진한 하드웨어 생산을 그만두었을 때도 두려움에 떨었지만 결코 모든 것을 포기하지는 않았다. 그는 두려움에 맞서 용기를 냈고, 실패를 통해 배우며 성장했다. 스탠퍼드 대학교 졸업식에서 잡스는 졸업생들에게 "늘 갈망하고 우직하게 나아가라."라고 당부했다. 또 그는 "당신의 시간은 한정되어 있습니다. 그러니 다른 사람의 삶을 살며 낭비하지 마십시오."라는 말도 남겼다. 잡스를 이해하고 그를 읽어 내려는 것도 결국은 자신이 살고 싶은 삶이란 어떤 것인지, 이를 삶과 비즈니스에서 어떻게 실천하고 사용할 수 있는지를 깨닫고자 함일 것이다. 이 책을 통해 그런 깨달음과 새로운 도전이 시작되기를 바란다.

잡스 사용법 ―차례

머리말 ·· 5

1부 삶에 대한 사용법 스티브 잡스의 삶에서 어떤 통찰을 만날 수 있을까

잡스 사용법 01 ·· 19
삶의 경험은 미래에 어떤 식으로든 연결된다

잡스 사용법 02 ·· 25
자신이 사랑하는 일을 찾아야 한다

잡스 사용법 03 ·· 31
사랑하는 일에 뜨거운 열정을 바쳐야만 한다

잡스 사용법 04 ·· 36
중요한 건 돈이 아니라 일의 가치다

잡스 사용법 05 ·· 41
과정의 즐거움, 그 자체가 보상이다

잡스 사용법 06 ·· 46
두려움을 정면으로 바라볼 때 용기가 생긴다

잡스 사용법 07 ·· 53
우리가 아는 모든 것은 실패를 통해 배운다

잡스 사용법 08 ·· 59
어제 일을 후회하느니 내일을 만들어 나가자

잡스 사용법 09 ·· 65
늘 새로운 일을 갈망하고 우직하게 나아가라

잡스 사용법 10 ·· 69
중요한 순간에 스스로에게 질문을 하라

잡스 사용법 11 ·· 74
오늘이 삶의 마지막 날인 것처럼 열정적으로 살아라

2부 혁신에 대한 사용법 스티브 잡스와 애플처럼 혁신하려면 어떻게 해야 할까

잡스 사용법 12 ··· 83
혁신적인 제품이 새로운 시장을 만든다

잡스 사용법 13 ··· 90
혁신하는 기업만이 살아남는다

잡스 사용법 14 ··· 95
집중해야 혁신적인 제품을 만들 수 있다

잡스 사용법 15 ··· 100
조직의 혁신이 제품의 혁신을 뒷받침한다

잡스 사용법 16 ··· 105
혁신은 시스템이 아니라 자유로운 조직 문화에서 태어난다

잡스 사용법 17 ··· 110
혁신은 창의적 집단의 산물이다

잡스 사용법 18 ··· 116
혁신은 창조적 모방에서 시작된다

잡스 사용법 19 ··· 121
혁신과 창조는 아이디어 믹싱이자 편집이다

잡스 사용법 20 ··· 127
혁신과 창조는 이질적이고 새로운 경험에서 나온다

잡스 사용법 21 ··· 132
제품 혁신만큼 비즈니스 모델 혁신이 중요하다.

잡스 사용법 22 ··· 137
유통 혁신으로 새로운 고객 경험을 선사하라

잡스 사용법 23 ········· 143
혁신적인 제품이 산업과 문화를 바꾼다

잡스 사용법 24 ········· 149
혁신은 인간에 대한 이해에서 시작된다

잡스 사용법 25 ········· 156
전방위적으로 혁신해야 세계적인 혁신 기업이 될 수 있다

3부 리더십에 대한 사용법 스티브 잡스의 리더십은 무엇이 다른가

잡스 사용법 26 ········· 163
리더에게 가장 중요한 자질은 비전 제시 능력이다

잡스 사용법 27 ········· 168
중요한 일을 하고 있다는 동기부여가 사람을 움직인다

잡스 사용법 28 ········· 173
리더는 불확실한 미래에 맞서 언제나 분명해야 한다

잡스 사용법 29 ········· 179
리더의 설득력은 진심과 신뢰에서 나온다

잡스 사용법 30 ········· 184
리더는 인재의 중요함을 알아야 한다

잡스 사용법 31 ········· 189
리더는 연인에게 사랑을 고백하듯 인재를 구한다

잡스 사용법 32 ········· 195
일은 리더 혼자 하는 것이 아니다

잡스 사용법 33 ········· 200
리더는 색다른 보상을 할 줄 알아야 한다

잡스 사용법 34 ·· 206
채용뿐 아니라 해고도 리더의 몫이다

4부 디자인에 대한 사용법 스티브 잡스와 애플처럼 디자인하려면 어떻게 해야 할까

잡스 사용법 35 ·· 213
디자인은 제품의 본질을 반영한다

잡스 사용법 36 ·· 220
사용하기 쉽게 만드는 것이 디자인이다

잡스 사용법 37 ·· 227
디자인은 포괄적이고 단순해야 한다

잡스 사용법 38 ·· 233
디자인은 인간의 경험에 대한 이해에서 시작된다

잡스 사용법 39 ·· 240
자신이 진정으로 쓰고 싶은 제품을 디자인하라

잡스 사용법 40 ·· 246
먼저 디자인하고 나중에 제작하라

잡스 사용법 41 ·· 253
디자인은 팀워크로 완성된다

잡스 사용법 42 ·· 259
디자인은 세밀한 곳에 있다

인용구 출처 ·· 266
스티브 잡스 연보 ·· 274

Hello,
Steve Jobs.

1부 | 삶에 대한 사용법

스티브 잡스의 삶에서
어떤 통찰을 만날 수 있을까

스티브 잡스는 자신만만하게 자신의 성공을 과시하는 타입의 사람이어서 얼핏 그의 부와 명성이 당연한 것이라고 여기기 쉽다. 하지만 그는 성공보다 고난과 실패를 더 많이 경험했다. 입양아였기 때문에 정체성의 위기를 겪었고 겨우 한 학기만을 다니고 대학을 중퇴한 후에는 인도를 순례했고 히피들과 어울렸다. 워즈니악과 창업한 애플에서 쫓겨났을 때는 기업인으로서의 삶이 무너진 듯 했다. 이후 창업한 넥스트와 픽사는 자금난에 허덕였다. 그럼에도 잡스는 한순간의 좌절이 결코 인생의 끝이 아니라고 여겼다. 사랑하는 일을 찾는 것, 과정을 즐기는 것, 실패를 겸허하게 받아들이고 다시 도전하는 것이 얼마나 소중한 일인지 그의 삶이 그대로 보여 준다.

잡스 사용법

01

삶의 경험은
미래에 어떤 식으로든 연결된다

　스티브 잡스는 2005년 6월 스탠퍼드 대학교에서 졸업을 축하하는 연설을 했다. 연설에서 잡스는 자신의 삶에 대한 세 가지 이야기를 들려준다. 첫 번째는 삶에서 여러 가지 일들이 서로 연결된다는 이야기였고, 두 번째는 사랑과 상실에 대한 이야기였고, 세 번째는 죽음에 관한 이야기였다. 첫 번째 이야기에서 잡스는 미혼모의 아들로 태어나 입양되었던 일과 대학을 중퇴한 것에 대해 담담하게 이야기했다.

스티브 잡스는 1972년에 리드 대학Reed College에 입학한 지 6개월 만에 자퇴를 결심했다. 오리건 주 포틀랜드에 위치한 리드 대학은 학부 중심으로 운영되는 작은 인문대학으로, 우수하고 개성이 강한 학생들이 주로 다녔다. 특히 1970년대 무렵에는 히피들이 많은 곳으로 유명했다. 잡스는 자유분방한 대학 생활은 좋아했지만 재미없는 필수과목들을 이수해야 한다는 것을 매우 지겨워했다. 또 대학을 다니면서 노동자 계층인 부모님이 평생 모은 돈을 소진하고 있다는 사실에 죄의식을 느꼈다. 그래서 잡스는 과감하게 자퇴를 결심한다.

리드 대학은 미국 내에서도 학비가 가장 비싼 대학 중 하나였다. 잡스의 부모가 무리를 해가며 이런 학교에 잡스를 보낸 데는 사연이 있다. 잡스는 입양아였다. 생모인 조앤 시블Joanne Carole Schieble은 위스콘신 대학교 대학원생 시절, 조교였던 시리아 출신 무슬림 압둘파타 잔달리Abdulfattah "John" Jandali와 사랑에 빠져 잡스를 임신했다. 하지만 엄격한 가톨릭 집안에서 무슬림과의 결혼을 반대하자 아이를 입양시키기로 결심했다. 단, 대졸 이상의 학력을 가진 부부에게 보낸다는 한 가지 조건을 걸었다.

조건에 따라 어떤 변호사 부부가 입양을 하기로 했지만, 그 부부는 막상 남자아이가 태어나자 딸을 원한다며 결정을 취소했다. 결국 잡스는 고교 중퇴자인 폴 라인홀트 잡스Paul Reinhold Jobs와 경리로 일하던 클라라 잡스Clara Jobs의 집으로 입양되었다. 뒤늦게 이 사실을 알게 된 생모는 입양 문서에 서명하기를 거부했다. 결국 잡스의 양부모는 돈을 모아 아이를 꼭 대학에 보내겠다는 서약서를 쓴 뒤에야 잡스를 입양할 수 있었다. 잡스의 양부모는 생모와 한 약속을 지키기 위해 17년 동안 돈을 모아 그를 대학에 보냈다. 잡스는 연설에서 당시를 이렇게 회고했다.

"순진하게도 저는 학비가 스탠퍼드 대학과 맞먹는 값비싼 학교를 선택했습니다. 평범한 노동자로 일해 온 부모님의 돈이 모두 제 학비로 들어갔습니다. 6개월이 지나 저는 대학교가 그만한 가치가 없다는 생각을 하게 되었습니다. 제가 인생에서 원하는 게 무엇인지, 그리고 대학이 그것을 실현하는 데 얼마나 도움을 줄지 알 수 없었습니다. 그래서 모든 게 잘될 거라고 믿고 자퇴를 결심했습니다. 정말 힘겨운 시간이었지만 되돌아보니 대학 중퇴는 제 인생 최고의 결정들 중 하나였습니다."

잡스처럼 성공한 기업인 중에는 대학을 자퇴한 사람들이 많다. 미국의 경제 전문지「포브스」는 자수성가한 미국의 억만장자 292명 가운데 20퍼센트 이상이 대학 근처에도 못 가봤거나 대학을 중도에 그만 두었다고 최근에 보도했다. 대표적인 예로 잡스의 경쟁자인 동갑내기 빌 게이츠 William Henry Gates III도 대학을 중퇴했다. 1975년에 19살이었던 빌 게이츠는 폴 앨런 Paul Allen과 함께 뉴멕시코 주 앨버커키에서 마이크로소프트를 창업하기 위해 하버드 대학교를 중퇴했다. 페이스북으로 유명한 마크 주커버그 Mark Zuckerberg도 2005년에 하버드 대학교를 중퇴했다. 자신의 기숙사 방에서 페이스북을 만든 주커버그는 사업에 집중하기 위해 아예 대학교를 자퇴하였다.

하지만 이들이 사업을 위해 대학을 중퇴한 것과 달리 잡스는 구체적 목표가 있어서 대학을 자퇴를 한 것은 아니었다. 그래서 잡스는 대학을 그만두고도 18개월 동안 리드 대학에 남아 강의실을 기웃거렸다. 돈이 없으니 생활은 곤궁하기 짝이 없었다. 기숙사에 들어갈 수 없어 친구의 방 마룻바닥에서 잠을 자고, 한 병에 5센트씩 하는 빈 코카콜라 병을 주워 팔아 음식을 사먹었다. 공짜 밥을 얻어먹으려고 일요일 저녁마다 7마일을 걸어 하레 크리슈나 사원을 찾아갔다.

하지만 힘든 일만 있었던 건 아니다. 잡스는 리드 대학의 수업을 청강하기도 했다. 자퇴를 했으니 흥미 없는 필수과목을 듣지 않아도 좋았다. 호기심과 직관에 따라 재미있어 보이는 강의를 골라 듣고, 하고 싶은 일을 했다. 서체에 대한 캘리그래피Calligraphy 강의도 이때 들었다. 리드 대학의 캘리그래피 강의는 미국 최고 수준을 자랑했다. 잡스는 캠퍼스 곳곳에 붙어 있던 포스터의 아름다운 서체에 진작부터 관심이 있었다. 그대로 학교를 다녔다면 정규 과목이 아니어서 듣지 못했을 캘리그래피 수업을 마음 내키는 대로 들을 수 있었다. 잡스는 이 수업에서 명조체와 고딕체가 어떤 느낌을 주는지, 서로 다른 글자와 글자가 만나 생기는 자간의 간격은 어떤지, 서체를 이용해 얼마나 멋진 타이포그래피를 만들 수 있는지를 배웠다. 과학적으로 관찰하고 실험하는 것과 다른 아름답고 우아한 미적 감각을 느낄 수 있었다.

물론 그때 잡스는 이 수업이 인생에 실질적인 도움을 줄 거라고 생각하지 않았다. 캘리그래피 수업의 진가는 10년 후, 잡스가 매킨토시를 만들 때 복수 서체 기능과 자동 자간 맞춤 기능으로 나타났다. 캘리그래피 수업에서 배운 내용은 모두 소중하게 활용되었다. 만일 잡스가 대학을 중퇴하지 않았다면, 캘리그래피 수업을 듣지 않았다면 매킨토시는 아름다운 서체를 지닌 최초의 컴퓨터가 될 수 없었을 것이다. 결국 지금의 퍼스널 컴퓨터 또한 훌륭한 서체를 가질 수 없었을 것이다. 물론 잡스가 이 모든 걸 예견하고 학교를 중퇴한 것은 결코 아니다.

연설에서 잡스는 대학을 중퇴했던 젊은 날을 떠올리며 이런 말을 들려주었다.

"물론 제가 대학에 머물고 있을 때 미래를 내다보며 그 점들을 연결한다는 것은 불가능했습니다. 그러나 10년 후에 돌아보니 그 점들이 아주 선명하게 이어지더군요. 다시 말씀드리지만, 여러분은 앞날을 내다보며 그 점들을 이을 수는 없습니다. 뒤를 돌아보아야만 그것들을 연결시킬 수 있습니다. 그렇기 때문에 모든 점들이 여러분의 미래에 어떤 식으로든 연결된다는 사실을 믿어야 합니다."

대학을 중퇴하고 자신이 진정으로 원하는 것을 찾고자 했던 잡스의 선택은 무모해 보였다. 하지만 현재 하고 있는 일들이 언젠가 밑거름이 될 거라 믿었고, 그 경험은 힘이 되었다. 대학보다 자신이 하고 싶은 일을 찾겠다는 결정은 잡스의 말처럼 그가 한 최고의 선택이었다. 대학 중퇴가 매킨토시의 아름다운 서체로 연결되었듯이 잡스의 삶에서 모든 일들은 미래에 어떤 식으로든 연결되었다. 애플을 만들고, 자신이 만든 회사에서 쫓겨나고, 다시 복귀했던 일들이 그 순간에는 따로 떨어져 있는 점처럼 보였지만 그 모든 것은 연결되었다. 그것이 잡스의 삶이었다.

앞날은 아무도 알 수 없기 때문에 미리 앞날을 내다보면서 삶의 경험들을 연결할 수는 없다. 단지 오늘 현재가 미래에 어떤 식으로든 연결된다는 믿음을 가지고 열심히 살아야 한다. 어려운 일을 만나면 지금 당장은 괴롭거나 힘들 수 있다. 그걸 운명이나 팔자 탓이라고 한탄할 수도 있다. 배짱이 아니면 이겨낼 수 없을지도 모른다. 하지만 어떤 일이 있더라도 이 모든 것이 언젠가 내 삶 속으로 들어올 거라는 믿음을 놓쳐서는 안 된다. 삶의 순간들은 그저 지나가는 것처럼 느껴지지만 삶 전체로 보면 외따로 떨어져 아무짝에도 쓸모없는 순간이란 없기 때문이다.

잡스 사용법
02

자신이 사랑하는 일을 찾아야 한다

잡스는 자신이 입양아라는 사실 때문에 늘 "나는 누구인가?" 하고 자기 정체성에 의문을 가졌다. 이 의문은 자신이 잘하고 좋아하는 일을 통해 스스로 어떤 사람인지를 증명하고 싶다는 바람으로 발전했다. 그래서 잡스는 끊임없이 자기가 좋아하는 일을 찾아다녔다.

10대 시절 잡스가 가장 좋아한 건 전자공학이었다. 전자공학 지식을 활용해 보려고 부모님의 침실을 비롯해 온 집의 방에다 스피커를 설치해 무슨 일이 벌어지는지 도청하다가 혼쭐이 날 정도였다. 고등학교 2학년 때는 전자 기기 상점인 할테크에서 아르바이트를 했다. 할테크는 실리콘밸리에서 흘러나온 불량품이나 반품 제품 등을 파는 중고 전자 부품 가게였다. 잡스는 이곳에서 재고품을 정리했으며 이때의 경험은 애플의 창업에도 도움을 주었다. 애플을 함께 창업한 스티브 워즈니악 Steve Wozniak과 만난 것도 전자공학에 대한 관심사가 통했기 때문이었다. 잡스가 전자공학에 관심이 없었다면 다섯 살이나 많은 워즈니악을 만날 기회가 없었을지도 모른다. 두 사람 모두 또래 친구들의 최고의 관심사인 여자 친구나 파티보다도 회로 설계를 더 좋아했다. 1971년 잡스와 워즈니악은 만나자마자 차고 앞에 앉아 시간가는 줄 모르고 전자공학과 장난, 음악에 관해 이야기를 나눴고 둘의 관계는 애플의 창업까지 이어졌다.

    잡스라고 10대 시절부터 컴퓨터 회사의 CEO가 되겠다는 확실한 꿈이 있었던 건 아니다. 다만 자신이 궁금하고 관심 있는 일이라면 가리지 않고 해보았다. 대학을 중퇴한 뒤 게임을 만드는 회사인 아타리 Atari에서 일할 때에는 동양철학과 선불교에 흥미를 느껴 1974년에는 힌두교 구루인 님 카롤리 바바를 만나기로 결심하고 인도행을 감행하기도 했다. 잡스는 그곳에 가서 자신이 누구인지를 깨닫고 무엇을 하면 좋을지를 알고 싶었다. 비록 인도에서 구루를 만나지도 못하고 이질에 걸려 고생만 했지만 잡스는 두고두고 인도에 갔던 일을 좋은 경험으로 떠올렸다. 잡스는 이렇게 흥미 있는 일들을 직접 몸으로 겪으면서 자신이 하고 싶은 일이 무엇인지 서서히 위대한 일을 하는 유일한 방법은 그 일을 사랑하는 것뿐이다.

2010년 샌프란시스코에서 열린 애플 이벤트 중 공개된 애플 I을 만들던 당시 워즈니악과 잡스의 사진 ⓒAP

윤곽을 잡아갈 수 있었다.

워즈니악을 따라 홈브루 컴퓨터 클럽Homebrew Computer Club에 다녔던 것도 컴퓨터가 좋아서였다. 홈브루 컴퓨터 클럽은 취미로 컴퓨터를 스스로 조립하는 데 필요한 정보를 나누던 동호회였다. 잡스와 워즈니악이 홈브루 컴퓨터 클럽에 참여했던 1975년 1월에 최초의 소형 컴퓨터 알테어Altair가 선보였다. 알테어의 등장은 컴퓨터광들에게 혁명적인 사건이었다. 컴퓨터에 빠져 살았던 빌 게이츠와 폴 앨런Paul Gardner Allen도 이 소식을 듣고 알테어를 위한 소프트웨어 프로그램인 베이직BASIC을 개발했고 결국 마이크로소프트를 시작했다. 홈브루 컴퓨터 클럽에서 알테어 시연회를 보고 워즈니악은 마이크로프로세서를 이용해 그 자체로 독립적인 작은 컴퓨터를 만들 수 있을 거라고 생각했다.

워즈니악은 그해 6월에 모토로라Motorola의 MOS 6502 마이크로프로세서를 사용해 키보드를 쳐서 글자를 모니터에 띄울 수 있는 인쇄 회로 기판 설계에 성공했다. 워즈니악은 자신의 회로 기판 설계도 사본을 홈브루 컴퓨터 클럽 회원들에게 무료로 나눠 주려고 했지만, 잡스는 다른 생각을 했다. 이미 워즈니악이 만든 블루박스BlueBox를 팔아 돈을 벌었던 잡스는 인쇄 회로 기판을 직접 만들어 팔자고 제안했다. 블루박스는 AT&T 네트워크의 신호를 복제해 공짜로 시외전화를 걸 수 있는 장치였다. 잡스는 워즈니악이 장난삼아 만든 블루박스를 팔아 보자고 제안했다. 할테크에서 일했던 잡스가 방법을 생각해 냈다. 워즈니악이 만들면 잡스가 전원 공급 장치,

키패드 등 부품을 공급하고 포장까지 책임지기로 했다. 블루박스를 만드는 데 대당 40달러밖에 안 들었지만 잡스는 150달러로 가격을 책정하고 100여 개를 만들어 거의 다 팔았다. 이 사업은 블루박스를 팔던 중 총으로 위협 당하는 사고를 겪으며 급작스레 끝나고 말았다. 잡스는 그때처럼 워즈니악의 인쇄 회로 기판을 직접 만들어 팔자고 설득했다. 잡스는 "손해를 좀 본다 해도 회사를 차려 볼 수는 있잖아. 우리가 회사를 가질 수 있는 일생에 단 한 번뿐인 찬스야."라고 워즈니악을 설득했다. 그렇게 해서 1976년 4월 1일 애플 컴퓨터가 설립되고, 애플I이 만들어진다. 마침내 잡스는 자신이 좋아하는 컴퓨터와 사업을 연관시켰다.

　　잡스처럼 일찌감치 좋아하는 일을 찾지 못했다고 실망할 필요는 없다. 잡스 역시 쉽게 사랑하는 일을 찾은 것은 아니다. 평생을 바칠 만한 일을 찾기 위해 대학도 중퇴했고 인도로 여행을 떠나기도 했다. 사과 농장에서 일도 했고 선불교에도 빠졌다. 하지만 멈추지 않고 찾아다닌 끝에 그는 컴퓨터와 사랑에 빠졌다. 직접 경험해 보기 전에는 누구라도 그 일을 싫어하는지 좋아하는지 제대로 알 수 없는 법이다.

　　2005년 잡스는 스탠퍼드 대학교 졸업식에서 이제 막 사회로 나아가는 젊은이들에게 이렇게 당부했다.

　　"이따금씩 삶이 여러분의 머리를 벽돌로 후려치더라도 믿음을 잃지 마십시오. 저를 계속해서 앞으로 나아가도록 이끌어 준 것이 있다면 그것은 오직 제가 저의 일을 사랑하고 있다는 사실 하나

뿐이었습니다. 여러분도 자신이 사랑하는 일을 찾아야 합니다. 연인을 사랑하는 것처럼 일도 그렇게 해야 합니다."

성공한 사람과 그렇지 않은 사람들을 살펴보면 차이는 한 가지다. 성공한 사람들은 대부분 자기 일을 사랑한다. 스티브 잡스만 '연인을 사랑하듯 일을 사랑한' 것은 아니다. 가장 가깝게는 그의 창업 동료인 스티브 워즈니악도 그랬다. 경쟁자이자 친구였던 빌 게이츠도 같은 이유로 마이크로소프트를 시작했다.

사람들은 자기가 하는 일에 열정을 가지라고 말한다. 하지만 일을 한다고 저절로 열정이 생기는 건 아니다. 열정은 어떻게 생기는가. 자신이 하는 일을 사랑해야 열정이 생긴다. 잡스의 말처럼 "일에 진심으로 만족하기 위해서는 스스로 위대한 일을 한다고 자부해야 한다. 그리고 위대한 일을 하는 유일한 방법은 그 일을 사랑하는 것뿐이다."

잡스 사용법
03

사랑하는 일에
뜨거운 열정을 바쳐야만 한다

애플의 창업 초기에 잡스는 포기를 모르는 끈질긴 집념으로 어려움을 극복했다. 돈도 없고 경험도 없는 그가 가진 것은 열정뿐이었다. 오로지 컴퓨터를 만들고 파는 일에 온 마음을 다 바쳐 열정을 쏟았고 그 진정성이 사람들을 감동시켰다.

잡스는 컴퓨터 상점인 바이트 숍 Byte Shop을 운영하며 홈브루 컴퓨터 클럽에 참여했던 폴 테럴 Paul Terrell에게 처음으로 애플I 50대를 판매했다. 기적적으로 첫 거래를 성사시켰지만 잡스와 워즈니악은 부품을 살 돈조차 없었다. 여기저기 부탁했지만 일이 성사되지 않자 잡스는 무턱대고 크레이머 일렉트로닉스라는 부품 상점을 찾아가 지배인에게 컴퓨터 50대를 주문받았으니 외상으로 부품을 공급해 달라고 부탁했다. 처음에 지배인은 나이 어린 잡스의 말을 귓등으로 흘려들었다. 하지만 잡스가 포기하지 않고 열정적으로 설득하자 폴 테럴에게 주문 사실을 확인한 다음 외상으로 부품을 주겠다는 조건부 승낙을 했다. 마침 폴 테럴은 외부 행사에 참여하느라 가게를 비웠지만 잡스는 포기하지 않고 행사장까지 전화를 걸었다. 긴급 전화가 와 있다는 장내 방송을 듣고 폴 테럴은 전화를 받았다. 지배인은 주문 사실을 확인하고 외상으로 부품을 제공했다.

아무리 위대한 일이라 해도 시작부터 위대하지는 않다. 대개는 낮은 성공 확률부터 시작한다. 처음에는 불가능해 보이고 주변의 반응도 부정적이지만, 불가능한 듯한 일을 가능하게 만드는 것은 열정이다. 어떤 일을 열렬하게 사랑하고 집중하는 마음, 바로 열정이 있어야 사람이든 일이든 뭔가를 움직일 수 있다. 잡스는 할 수 있다는 신념을 갖고 열정적으로 상대를 설득했고 믿음은 전해졌다. 열정은 믿음을 낳고 믿음은 행동을 낳는다. 인간이 성공할 수 있는 일이란 성공 확률이 높은 일이 아니라 열정을 품은 일이다. 그래서 미국의 사상가이자 시인인 에머슨 Ralph Waldo Emerson은 "그 어떤 위대한 일도 열정 없이 이뤄진 것은 없다."라고 했다.

하지만 열정은 늘 타오르는 불꽃이 아니다. 꺼지기 쉬운 불꽃이다. 열정을 살리려면 동기부여가 필요하고 당장 도달하고 싶은 목표도 만들어 줘야 한다. 목표를 달성하고 싶다는 간절한 마음이 있어야 열정이 식지 않는다. 하나의 목표를 달성하면 다시 새로운 목표가 뒤를 따르도록 해야 한다. 열정은 쉽게 식는 버릇이 있어 새롭고 신선한 목표를 세워 열정을 자극해야 한다.

애플I은 잡스의 집 차고에서 친구들을 동원한 가내수공업으로 만들어졌다. 폴 테럴에게 50대를 납품한 것을 포함해 175대나 판매했다. 첫 작품치고는 그럭저럭 재미를 보자 잡스는 이내 새로운 목표를 세웠다. 베이지색 케이스에 대용량의 메모리와 그래픽 컬러, 베이직 언어, 키보드, 모니터까지 갖춘 일체형 컴퓨터 애플II를 만들겠다는 계획이었다. 그러고 나니 하고 싶고 해야 할 일이 생겨났다. 우선 자본 문제부터 해결하기로 했다. 예전에 일했던 게임 회사 아타리의 사장 놀런 부시넬 Nolan Bushnell을 찾아가 애플 컴퓨터에 투자하면 지분을 주겠다고 제의했지만 거절당했다. 온 마음을 다해 애플II를 만들고 싶었던 잡스는 그대로 물러서지 않았다. 놀런 부시넬에게 돈 밸런타인을 소개받았다. 돈 밸런타인은 잡스가 집요하게 설득하자 사무실이었던 차고까지 방문했지만 잡스를 신뢰할 수 없어, 마케팅 전문가가 있어야 한다는 조건을 걸었다.

잡스는 포기하지 않고 대신 돈 밸런타인에게 마케팅 전문가 세 명만 추천해 달라고 부탁했다. 추천 받은 세 사람 중에 마이크 마쿨라 Armas Clifford Markkula, Jr.와 이야기가 통했다. 마이크 마쿨라는 인텔에 근무하며 스톡옵션으로 일찌감치 엄청난 부자가 된 사람이었다. 잡스의 비전과 열정에 마음이 끌린 마쿨라는 회사 지분을 받는 대가로 대출 보증을 서주기로 했다. 애플Ⅱ를 최초의 통합형 패키지 컴퓨터로 만들겠다는 확고한 목표를 세운 잡스의 열정은 이처럼 불가능을 가능으로 변화시켰다.

자금이 확보되자 이번에는 홍보와 광고가 문제였다. 이런 일을 해본 경험이 없는 잡스로서는 누구에게 일을 맡겨야 할지조차 몰랐다. 잡스는 인상 깊게 본 인텔의 광고를 떠올리고는 망설이지 않고 인텔에 전화를 해서 누가 이 광고를 만들었냐고 물었다. 레지스 매케나 Regis McKenna라는 대답을 들었지만 잡스는 이것이 사람 이름인지 회사명인지도 모를 만큼 광고에 문외한이었다.

바로 회사에 전화를 했지만 레지스 매케나와 직접 전화 통화할 기회는 주어지지 않았다. 대신 직원인 프랭크 버지가 연결되었고 버지는 당연히 의뢰를 거절했다. 하지만 잡스는 하루도 빠지지 않고 그에게 전화를 했다. 잡스의 끈질긴 열정에 두 손을 든 버지는 잡스의 차고를 방문했다. 확고하고도 자신에 찬 젊은이의 열정에 감동한 버지는 매케나를 소개했다. 결국 잡스는 레지스 매케나를 직접 만나 퍼스널 컴퓨터가 세상을 어떻게 바꿀지에 관해 열변을 토했다. 잡스의 열정에 반한 레지스 매케나는 애플Ⅱ의 제품 팸플릿을 제작하기에 이른다.

잡스는 애플Ⅱ가 사람들에게 꼭 필요한 컴퓨터가 될 것이라고 진정으로 믿었다. 위대한 컴퓨터를 만든다고 확신했기 때문에 열정을 다해 마이크 마쿨라나 레지스 매케나를 설득할 수 있었다. 마이크 마쿨라나 레지스 매케나는 아무 것도 가진 것 없지만 확신과 신념에 찬 잡스의 열정을 느꼈기에 사업에 참여하기로 결정했다.

열정은 자신이 하는 일을 사랑할 때, 자신이 하는 일이 가치 있다고 믿을 때 생겨난다. 삶이든 사업이든 이 길은 장애물로 가득하다. 장애물에 걸려 넘어지지 않고 뛰어넘을 수 있는 비결은 오로지 열정뿐이다. 열정적으로 산다는 건 열심히 산다는 말이다. 그냥 사는 것이 아니라 매순간을 생생하게 살아 간다는 말이다. 그래서 열정이 있는 사람은 장애와 싸우고 극복하는 험난한 순간조차 즐길 수 있다.

목표를 세운 다음에는 바로 실행할 것, 그리고 그 일을 이룰 수 있다고 자신을 믿을 것. 이것이 잡스가 사람들이 혀를 내두르게 할 정도로 열정적으로 일할 수 있었던 비결이다. 열정 없이 무슨 일을 하겠는가. 열정이 없다면 과정의 즐거움도 없는 것을.

잡스 사용법

04

중요한 건 돈이 아니라 일의 가치다

애플Ⅱ의 성공으로 애플은 개인용 컴퓨터 시장의 대기업으로 성장했다. 애플은 1980년 12월 12일 주식을 공개했다. 1956년에 포드 자동차의 주식을 공모할 때보다 더 많은 투자자들이 모여들었으며, 주식 공개로 잡스는 백만장자가 되었다. 잡스의 나이 스물다섯 살 때의 일이다.

많은 사람들이 젊은 나이에 백만장자가 된 잡스에게 돈에 대해 어떻게 생각하는지 물었다. 1985년 2월 한 잡지와의 인터뷰에서 잡스는 돈에 관한 자신의 생각을 자세히 들려준다. 잡스는 1960년대를 풍미한 이상주의 세례를 받은 자신과 대학 동료들의 이야기부터 시작했다. 그들은 인도까지 순례 여행을 갔다 오거나 이런저런 방식으로 삶의 진리를 깨우치는 일을 최우선으로 삼았다. 돈에 연연하지 않았고, 돈에 매달려 살지도 않았다. "돈이란 무엇인가를 이루려고 노력하고, 실패하고, 성공하고, 그러면서 성장하는 하나의 기회"라고 여겼지 돈을 삶의 첫 번째 목표로 생각하지 않았다.

인터뷰를 하던 무렵 잡스는 1983년의 불경기로 애플 주가가 하락하여 1년 사이에 재산의 절반인 2억 5천만 달러를 잃었다. 그는 주가 하락으로 거액의 돈을 잃은 사람답지 않게 웃으며 말을 이어갔다.

"돈에 대한 나의 주된 반응은 생각할수록 그것이 우습다는 것인데, 그 이유는 지난 10년 동안 돈이 나에게 가장 통찰력이 있다거나 가장 가치가 있는 존재였던 적이 거의 없었기 때문입니다."

잡스는 돈이 인생에서 가장 중요하다고 생각지 않았기 때문에 돈에 일희일비하는 일이 우스워보였다. 대학교에서 연설할 때 만난 학생들이 잡스가 백만장자라는 사실 때문에 존경스럽게 바라볼 때마다 잡스는 자신이 늙은이 취급을 받는 것 같다며 씁쓸해했다. 그는 돈이 아니라 위대한 제품을 만드는 사람 혹은 창의적 예술가로 평가받길 원했기 때문이다.

1993년 5월 25일 「포춘」과의 인터뷰에서 잡스는 돈에 대해 이렇게 말했다.

"세계 최고의 부자로 무덤에 묻히는 것에는 조금도 관심이 없습니다. 제게 진정으로 중요한 것은 잠자리에 들 때마다 '지금 뭔가 멋진 일을 하고 있어.' 라고 스스로에게 말할 수 있는 것입니다."

잡스는 이 말처럼 돈을 위해 일하는 길을 택하지 않고 최고의 제품을 만드는 멋진 일을 택했다. 그래서 잡스는 애플의 CEO였던 존 스컬리나 마이크로소프트의 빌 게이츠가 돈 버는 것을 사업의 최고 목표로 삼는다고 비난했다. 잡스는 스스로 세상이 놀랄 만한 무언가를 이뤄 내는 선구자의 길을 가고 있다고 생각했다. 반면 존 스컬리나 빌 게이츠는 선구자가 닦아 놓은 길을 걸으며 돈 버는 일을 우선한다고 여겼다.

잡스는 돈을 인생의 목표로 삼을 만큼 중요하게 여기지 않았지만 그렇다고 돈을 무시하지도 않았다. 잡스의 이런 태도가 가장 극명하게 드러난 사례는 1997년 침체에 빠진 애플에 복귀하면서 연봉으로 단돈 1달러를 받겠다고 하고서는 나중에 스톡옵션을 요구했던 일이다.

잡스가 1달러를 받은 이유는 그가 돈에 관해 평소에 간직하고 있는 신념과 돈을 벌기 위해 애플로 복귀한 것이 아니라는 점을 효과적으로 강조하기 위해서였다. 잡스 외에도 미국의 CEO 중에는 연봉 1달러를 받는 이들이 여럿 있다. 구글의 CEO이자 공동창업자인 래리 페이지 Larry Page와 세르게이 브린 Sergey Brin, 그리고 회장 에릭 슈미트 Eric Emerson Schmidt도 2005년 이후 연봉을 1달러씩 받고 있다. 하지만 이들은 연말 보너스나 경호비 혹은 항공료 등을 따로 받는 경우가 많아 실제로 연봉이 1달러는 아니다. 이들은 연봉 1달러 대신 일정한 시점에 주식을 특정한 가격에 취득할 수 있는 스톡옵션을 받는다. 만약 회사가 성장할 경우 CEO들은 스톡옵션으로 엄청난 소득을 거둘 수 있다. 따라서 연봉 1달러는 회사의 미래와 성장에 자신이 있다는 상징적인 의미이다.

스티브 잡스도 연봉 1달러 외에 스톡옵션을 두 차례 받았다. 그저 주는 대로 받았을 뿐만 아니라 적극적으로 원했다. 정식 CEO가 된 2000년 초 잡스는 이사회가 제안한 것보다 훨씬 더 많은 스톡옵션을 요구했다. 2001년 8월에도 또 한 번 대량의 스톡옵션을 받았다. 돈을 위해 일하지 않는다면서 스톡옵션을 요구한 잡스의 태도는 언뜻 모순되어 보인다. 하지만 이런 행동은 잡스가 스스로 가치 있는 일을 하고 있다는 자부심을 중요하게 여겼기 때문이었다. 일을 하는 목적이 돈은 아니지만 자신이 한 일에 대한 정당한 평가는 필요했다. 잡스에게 스톡옵션은 돈이라기보다는 업적에 대한 평가였다.

사람들은 처음에는 대부분 잡스처럼 돈보다는 세상이 놀랄 만한 무언가를 이뤄 내는 멋진 일을 하려 한다. 하지만 어느 순간 돈을 위해 일하고 있는 자신을 발견하게 된다. 성공을 했건 실패를 했건 능동적이건 수동적이건, 어떤 이유에서든 돈이 목적이 되어버리는 것이다. 일에 대한 관심과 열정은 사라지고 오직 돈을 위해 일하는 불행한 삶만 남는다.

배부른 소리 같지만 행복해지기 위해서는 단 한 번도 돈을 보고 일한 적이 없다고 말한 잡스처럼 일에 대한 사랑과 사명감이라는 동기부여가 우선해야 한다. 돈은 그 다음에 따라오는 자연스러운 결과다. 그래서 잡스처럼 백만장자가 되는 비결이란 역설적이게도 돈을 위해 일하지 않는 것이다. 2011년 잡스가 죽고 난 후 그의 유산은 무려 10조 원에 가까운 것으로 평가되었다. 이 재산은 잡스가 세상이 놀랄 만한 무언가를 이뤄 냈고 멋진 일을 한 것에 대한 평가이자 결과이다.

잡스 사용법
05

과정의 즐거움, 그 자체가 보상이다

애플II의 성공은 개인용 컴퓨터 산업을 발전시켰다. 새롭게 열린 시장에 많은 기업들이 참여하였으며 특히 그 당시 최대의 컴퓨터 업체인 IBM의 참여는 시장을 비약적으로 성장시켰다. IBM의 참여에 위기를 느낀 애플은 애플II의 후속 모델인 애플III를 개발했지만 애플III는 애플을 구원하기는커녕, 오히려 수렁으로 몰아넣었다. 애플III는 작은 본체에 최대한 많은 기능을 넣으려 했기 때문에 내부의 부품 구성이 너무 복잡했다. 또 제품 개발이 지나치게 급하게 진행된 탓에 오류 수정이나 품질 테스트가 제대로 이루어지지 못했다. 이런 이유로 애플Ⅲ는 오류가 자주 발생하고 내부 발열로 인한 고장이 잦았다. 애플Ⅲ는 큰 기대를 모았으나 제품의 품질이 낮아 인기를 끌지 못했다. 애플Ⅲ의 실패 이후 잡스는 그래픽 사용자 인터페이스GUI를 채택한 리사 프로젝트에 참여했다가, 매킨토시 프로젝트를 지휘한다.

스티브 잡스는 매킨토시 팀을 지휘할 때 6개월마다 한 번씩 가까운 리조트로 워크숍을 떠나곤 했다. 보통 사흘 정도 지속된 워크숍에서 팀원들은 먹고 놀면서 일에 대해 자유롭게 토론을 했고 그러면서 굳게 결속했다. 워크숍의 분위기는 자유로웠고 팀원들은 종종 파격적인 행동도 서슴지 않았다. 아침 8시에 남녀 팀원들이 리조트 내의 수영장에서 벌거벗고 신나게 물놀이를 즐기는 황당한 일도 벌어졌다. 잡스는 팀원들의 이런 파격을 은근히 즐겼다. 팀원들이 새롭고 독창적인 아이디어를 낼 수 있고 도전적인 과제를 수행할 수 있는 젊은이임을 보여 주는 증거라고 생각했기 때문이다.

잡스는 워크숍에서 매킨토시를 만드는 과정에서 지침 역할을 하는 여러 슬로건을 발표했다. 1982년 9월 몬터레이 인근에서 열린 워크숍에서는 "타협하지 마라."와 "여정 자체가 보상이다."를 슬로건으로 내걸었다. "타협하지 마라."라는 슬로건은 매킨토시의 개발 일정에 지대한 영향을 미쳤다. 잡스는 잘못된 제품을 출시하느니 일정을 어기는 게 낫다고 생각해 "타협하지 마라."라는 슬로건을 내건 것이다. 이 슬로건에 따라 팀원들은 위대한 제품을 만들기 위해 정해진 개발 기한을 넘기는 한이 있더라도 절대 타협하지 않았다. "여정 자체가 보상이다."라는 선문답 같은 슬로건은 지금은 고통스럽지만 집중해서 목표를 향해 한 발 두 발 나아가는 과정이야말로 가장 큰 즐거움이자 값진 보상이라는 뜻이었다. 1983년 1월 수련회에서는 "해군이 아니라 해적이 되라."를 슬로건으로 발표했다. 이런 여러 슬로건 중에서 잡스가 개인적으로 가장 좋아하는 슬로건은 "여정 자체가 보상이다."였다.

잡스와 함께 애플에서 일한다는 것은 결코 쉬운 일이 아니었다. 잡스는 처음부터 끝까지 제품을 완벽하게 통제했고 성격까지 괴팍했다. 제품에 관해 어찌나 꼬치꼬치 캐묻는지 엔지니어들은 노이로제가 걸릴 지경이었다. 팀원들이 얼마나 일에 헌신하는지를 절대 시간으로 환산하는 버릇도 있었다. 하루에 열여덟 시간을 일하는 자세야말로 잡스가 원하는 바였다. 잡스가 없는 지금도 애플에서는 제품의 출시일을 맞추기 위해 휴일도 반납하고 밤샘 작업도 마다하지 않는다. 잡스의 기대치가 높은지라 직원들이 받는 압박감은 상상을 초월했다. 애플에서 일했던 장 루이 가세Jean-Louis Gassée는 "민주주의자는 위대한 제품을 만들지 못합니다."라는 말로 잡스가 유능한 독재자임을 우회적으로 표현하기도 했다. 그럼에도 불구하고 애플 직원들의 회사에 대한 충성도는 상당히 높다. 물론 처음부터 애플 제품을 사랑하는 사람을 뽑기 때문에 회사에 대한 충성도와 애사심이 남다를 수도 있다. 하지만 애플의 직원들은 애플에 들어와 일을 하면서 더욱 회사에 대한 충성도가 높아진다. 애플의 직원들은 일을 하면서 다른 회사에서는 할 수 없는 일을 애플에서는 할 수 있다고 믿는다. 여기에 '우주에 흔적을 남길 만한' 제품을 만든다는 사명감이 더해진다. 이런 생각을 공유한 직원들에게 애플에서 일하는 건 힘들지만 미래를 바꾸는 굉장한 여정이자 헌신할 만한 가치가 있는 뿌듯한 일이다. 잡스의 말 그대로 여정 자체를 보상으로 느낄 수밖에 없다. 그래서 남다른 충성심을 갖는 것이다.

"여정 자체가 보상이다."라는 말은 애플 직원들에게만 해당되지 않는다. 이 슬로건은 잡스의 삶을 움직이는 원동력이기도 했다. 잡스는 죽음을 앞두고 삶의 동력이 있다면 무엇이었느냐는 질문을 받았다. 그는 "인류에게 기여하고, 인류의 발전이라는 흐름에 도움이 되는 것"이라고 답했다. 이것은 "내가 만약 다른 이들보다 더 멀리 볼 수 있었다면, 그것은 바로 거인들의 어깨에 서 있었기 때문이다."라는 아이작 뉴턴의 말을 떠올리게 한다. 과거의 지적 유산이 없다면 뉴턴이라 해도 업적을 남기는 건 불가능하다. 인류 문명이란 이전의 성과 위에 축적되는 진보를 통해 이뤄진다. 잡스는 자신이 코페르니쿠스, 갈릴레이, 뉴턴, 아인슈타인처럼 인류의 정신적 발전에 기여한 거인으로 기억되길 바랐다. 그러기 위해서 잡스는 가치 있는 일을 하고 위대한 제품을 만들길 원했다. 때로 자신이 세운 회사에서 쫓겨나고, 적자에 시달리고, 애써 만든 제품이 실패했지만 우주에 흔적을 남기기 위한 과정이라고 여긴다면 참지 못할 일은 없었다. 일을 사랑하고 열정이 있는 잡스에게 무의미한 시간은 단 한 순간도 없었다.

삶의 성공 여부는 결과에 있는 듯하지만 결과만을 지향하는 삶은 더할 나위 없이 공허하다. 지금 가치 있는 일을 하고 있다는 믿음이 없다면 결과만을 뒤쫓는 의미 없는 나날이 반복될 뿐이다. 우리는 성공해서 행복한 것이 아니라 행복하기에 성공한다. 결과는 순간이며 과정은 삶의 전부다. 잡스가 잠자리에 들기 전 "오늘 뭔가 중요한 걸 했구나."라고 느낄 수 있는 하루의 성취감을 가장 소중하게 생각한 것도 이런 이유 때문이다.

성공은 우리가 하루 만에 혹은 일 년 안에 도달할 수 있는 종착역이 아니다. 그것은 우리가 가야 할 여행이다. 성공이냐 아니냐를 가르는 기준은 성공으로 가는 하루하루에 달려 있다. 여정의 소중함이 없다면 우리는 목표로 나아갈 수 없을지 모른다. 성공은 하나의 과정일 뿐이다.

잡스 사용법

06

두려움을 정면으로 바라볼 때 용기가 생긴다

잡스의 삶에서 빼놓을 수 없는 사건은 1985년에 자신이 만든 회사인 애플에서 쫓겨난 일이다. 잡스는 훗날 애플이 성장하며 유능한 경영자가 필요해서 존 스컬리를 고용했지만 점차 서로의 비전이 어긋났고 이사회는 스컬리의 편을 들었다고 당시 상황을 설명했다. 하지만 문제는 그렇게 간단치 않다.

잡스의 권유로 1983년 스컬리가 애플에 합류했을 때만 해도 두 사람의 관계는 돈독했다. 스컬리는 펩시콜라를 최고의 브랜드로 키워 낸 당대 최고의 마케터였다. 만년 2인자였던 펩시는 눈을 가리고 콜라 맛을 테스트하는 '펩시챌린지' 광고를 선보여 미국 내 시장 점유율을 끌어올리는 데 성공했는데 이를 지휘한 사람이 스컬리였다. 스컬리의 마케팅 전략과 스티브 잡스의 창의성이 만나자 애플은 승승장구했다. 스컬리는 이윤 확보를 위해 매킨토시의 가격을 올렸고, 잡스는 대대적인 광고 캠페인을 벌였다. 바로 그 유명한 '1984' 광고였다.

애플의 '1984' 광고는 조지 오웰의 동명 소설을 배경으로 유명 영화감독 리들리 스콧이 촬영을 맡았다. 광고는 죄수복을 입은 생기 없는 군중이 멍청하게 독재자 빅 브라더의 연설 화면을 보고 있는 것으로 시작한다. 이때 젊은 여성이 경찰을 따돌리고 돌진한다. 화면을 향해 커다란 망치를 던져 스크린 속의 빅 브라더를 부숴 버린다. 화면 속의 빅 브라더는 말할 것도 없이 IBM이다. 말 없는 군중은 IBM과 호환기종을 쓰는 개성을 말살당한 사람들을 상징한다. 빅 브라더를 향해 망치를 던지는 젊은 여자는 매킨토시다. 슈퍼볼 경기 중간에 방송된 광고는 이제껏 본 적이 없는 파격적이고 도발적 메시지를 던졌다. 빅 브라더가 사라지고 나서 "1월 24일, 애플 컴퓨터가 매킨토시를 소개합니다. 그리고 당신은 왜 우리의 1984년이 조지 오웰의 『1984』와 다른지 알게 될 것입니다."로 마무리된다. 광고는 소비자에게 IBM은 자유를 억압하는 독재자요, 애플은 매킨토시를 선보여 이에 맞서는 반항아라는 이미지를 심어 주었다. IBM이 악이라면 매킨토시는 선이었다.

광고 덕분에 매킨토시는 출시되자마자 미디어들이 주요 뉴스로 다룰 정도로 관심을 한 몸에 받았고 주문도 폭주했다. 성공에 고무된 잡스는 매킨토시가 2년 내에 200만 대는 팔릴 거라며 호언장담했다. 잡스와 애플은 성공하는 듯 보였지만 기쁨은 오래가지 않았다. 초기에 반짝하는 열풍이 꺼지자 매킨토시의 실체가 드러났다.

매킨토시의 디자인은 깔끔하고 보기 좋았지만 IBM PC보다 값이 비쌌다. 잡스가 고집한 우아한 서체를 픽셀을 통해 표시하려면 더 큰 메모리가 필요했지만 리사보다도 작은 램^{RAM}을 내장하고 있어 속도가 엄청 느렸다. 애플Ⅱ에서 사용할 수 있었던 소프트웨어들이 매킨토시에서는 호환되지 않았다. 매킨토시는 사용할 만한 응용 프로그램도 없는 느리고 비싼 PC였다. 잡스는 매킨토시의 판매를 너무 낙관한 나머지 미리 8만 대를 생산했지만 1984년 판매된 매킨토시는 불과 2만여 대에 불과했다. 재고가 쌓이며 애플의 재정 상태는 급격히 악화되었다. 1985년 들어 매킨토시의 판매는 더욱 감소해 단 2,500대만이 팔렸다.

스티브 잡스의 말을 믿고 회사의 모든 운명을 매킨토시에 걸었던 이사진으로서는 난감한 일이었다. 하지만 고집스러운 잡스는 매킨토시의 실패를 인정하지 않았다. 이 모든 부진이 매킨토시의 가격을 잡스의 주장보다 훨씬 높은 2,495달러로 책정한 스컬리의 탓이라고 비난했다. 그럴수록 잡스의 입지는 점점 줄어들었다. 애플 이사진들은 거듭된 실패를 막고자 잡스를 매킨토시 부서장에서 직위해제했다. 결국 사태는 잡스와 스컬리의 경영권 다툼으로 비화된다.

두려움에 굴하지 않고 자신을 믿고
행동하는 것이 진정한 용기다.

다급해진 잡스는 중역들과 공모하여 스컬리로부터 권력을 빼앗으려는 모의를 했다. 잡스의 이러한 행동에 크게 격노한 스컬리는 1985년 4월 10일 이사회를 소집했다. 이사회는 앞으로 누가 애플을 맡아야 할지를 익명투표로 정하기로 했다. 이사들은 만장일치로 스컬리를 택했다. 잡스의 정신적 아버지였던 애플의 전 CEO 마이크 마쿨라까지 스컬리의 편을 들 정도로 잡스는 신뢰를 잃었다. 그래서 그는 자기가 세운 회사에서 쫓겨나는 신세가 될 수밖에 없었다. 그때 잡스의 나이는 서른 살이었다.

잡스는 훗날 당시의 일을 회고하면서 인생의 초점을 잃어버렸고 참담한 심정이 되었다고 고백했다. 몇 개월 동안 뭘 해야 좋을지도 몰라 고민했다. 완전히 공공의 실패작이 된 듯 느껴졌고 자신의 이런 모습을 아무도 볼 수 없도록 실리콘밸리에서 영원히 도망칠까 하는 생각도 했다.

실패를 겪고 두려움에 빠진 사람들은 대개 다시는 실패를 겪고 싶어 하지 않는다. 그래서 저지르는 흔한 오류 중 하나가 실패할까 두려워 시도조차 하지 않는 것이다. 두려움에 빠져 자꾸 실행을 미루는 것도 흔한 일이다. 막상 도전했더라도 실패할 거라는 두려움을 이기지 못하고 중도 포기하는 경우도 많다. 두려움 때문에 실수하지 않을 법한 일만 가려 하다 보면 가치 있는 도전에서 점점 멀어진다. 자신이 하는 일에 가치를 느끼지 못하는 한 인간의 삶은 무의미하다. 장기화되고 습관이 되어 버린 두려움과 무기력은 결국 절망을 낳는다.

두려움을 극복하기 위해 철학자 하이데거 Martin Heidegger는 이런 처방을 내놓았다. 『존재와 시간』에서 진정으로 자신을 사랑하기 위해 이런 생각을 해 보라고 권한다. 지금 죽는다는 가정이다. 만약 당신이 내일이나 혹은 가까운 미래에 죽는다고 가정한다면 어떻게 될까. 죽음이 시시각각 다가온다는 사실을 느낀다면 더 이상 남들이 하라는 대로 혹은 시키는 대로 살지는 않을 것이다. 남은 시간만이라도 가장 자신답게 살려고 노력할 것이다. 죽음을 마주하라는 것은 죽을 수밖에 없는 존재이니 깊이 절망하라는 말이 아니다. 죽음으로부터 자유로워지라는 뜻이다. 그럼으로써 본질을 잃어버리고 무의미하게 사는 타성으로부터 벗어나라는 메시지다.

잡스 역시 2005년 스탠퍼드 대학의 졸업식에서 하이데거와 같은 맥락의 말을 했다.

"여러분의 시간은 한정돼 있습니다. 그러니 다른 사람의 삶을 사느라 시간을 낭비하지 마십시오. 다른 사람의 생각에 따라 살거나 타인의 신조에 빠져들지 마십시오. 다른 사람들의 의견에서 비롯된 소음이 여러분 내면의 목소리를 방해하지 못하게 하십시오. 그리고 가장 중요한 것은, 여러분의 마음과 직관을 따르는 용기를 갖는 것입니다."

잡스는 앞서 2004년 췌장암 수술을 했던 경험을 되돌아보며 죽음이 있는 한 우리가 진정으로 두려워해야 할 것은 아무것도 없다고 말했다. 하이데거나 잡스처럼 생각한다면 산다는 일에 대한 두려움은 죽음 앞에서 아무것도 아니다. 우리가 죽는다는 사실을 기억한다면 자신에게 가장 중요한 것만을 하기에도 시간은 부족하다. 망설임, 의심, 나약함, 중도 포기 같은 부정적 요소를 모두 버리고 자신의 마음과 직관을 따르는 용기를 내야 한다.

　　잡스는 애플에서 물러난 뒤 조롱이나 비난을 참을 수 없었다. 실패했다는 사실을 인정하기가 두려워 변명하려 하고 사람들이 없는 곳으로 도망치고 싶어 했다. 하지만 잡스는 두려움과 정면으로 마주했다. 용기를 내어 자신이 무엇을 원하는지 내면의 소리에 귀 기울였고 여전히 애플에서 했던 일을 사랑하고 있다는 사실을 깨달았다. 자신이 겪은 모멸과 좌절조차 그 마음을 꺾을 수는 없었다. 남의 시선이나 이목 따위는 신경 쓰지 않고 마음과 직관을 따라 용기 있게 다시 시작했다.

　　용기는 두려움과 맞닥뜨렸을 때 가장 선명하게 드러난다. 인간이 존재하는 한 두려움은 영원히 피할 수 없을지 모른다. 두려움이 사라지길 기다리거나 두려움을 피하려고 애쓰다 보면 할 수 있는 일은 아무것도 없다. 성공이 있으면 실패가 있듯 두려움도 자연스러운 일이다. 두려움을 받아들이고 실수를 견딜 수 있다면 우리는 많은 경험을 할 수 있다. 두려움에 맞서 행동하는 것, 자신을 믿는 것, 마지막까지 물러서지 않는 태도만이 두려움을 물리칠 수 있는 길이다. 그것이 바로 용기이다.

잡스 사용법
07

우리가 아는 모든 것은
실패를 통해 배운다

　　잡스의 삶은 파란만장한 한 편의 연극 같다. 잡스의 삶이라는 연극을 3막으로 나눈다면 1막은 애플 컴퓨터를 창업하고 매킨토시를 출시했을 무렵까지의 성공을 보여 준다. 2막은 고난의 시기로, 매킨토시가 뜻밖에 판매가 부진해 그 여파로 잡스가 애플에서 쫓겨나 넥스트와 픽사를 창업하고 경영한 시기다. 이 10여 년 간 잡스는 고전에 고전을 면치 못했다. 처참한 실패였다. 그다음 맞이한 3막에서 잡스는 화려하게 부활했고 애플은 성공했다. 3막의 드라마 같은 성공은 2막의 수많은 시행착오와 실패가 밑바탕이 되었다.

　　잡스는 최고의 CEO로 평가받지만 사실 그릇된 판단도 많이 했고 실수도 많이 했다. 극적으로 성공하고 거듭 실패했던 잡스의 삶은 많은 걸 이야기해준다. 흔히 사람들은 잡스가 아이폰이나 아이패드 같은 혁신적인 제품을 만들어 성공했다고 생각하고 그가 만든 모든 제품들이 잡스의 말처럼 '위대한 제품'이라고 착각한다. 하지만 사실은 그렇지 않다. 그가 '위대한 제품'이라 생각했던 매킨토시도 처음에는 실패했고, '컴퓨터 세계의 지형을 뒤바꿀 컴퓨터'라고 한 큐브CUBE도 처참하게 실패했다. 잡스가 IT 산업계의 최고의 CEO가 될 수 있었던 이유는 혁신적인 제품을 만들었기 때문이기도 하지만 실패를 두려워하지 않고, 실패를 통해 배울 줄 알았기 때문이다.

　　서른 살에 애플에서 쫓겨난 잡스는 지혜와 성숙의 시간을 가지지 않고 1985년에 새로운 컴퓨터 회사인 넥스트NeXT Inc.를 설립했다. 1997년 애플에 복귀한 뒤 잡스가 "애플에서 쫓겨났을 때 곧바로 일을 시작한 걸 나중에 후회했어요. 자기만의 시간을 가져야 했는데."라고 말할 만큼 성급한 결정이었다. 하지만 서른 살의 잡스는 그러지 못했다. 그럴 수밖에 없었던 것이 잡스로서는 맥의 실패를 인정할 수 없었다. 그는 자신이 특별하며 맥은 위대했다는 사실을 추호도 의심하지 않았다. 자기 확신이 강했던 만큼 그의 충격은 컸다. 그는 존 스컬리만 없었다면 애플에서 추방은 피할 수 있었던 일이라고 여겼다. 잡스는 자신이 애플에서 실패하지 않았다는 걸 성급하게 넥스트에서 입증하고 싶어 했다. 실패에 좌절하지 않는 용기와 열정은 높이 살 만했다. 하지만 넥스트에서 그가 했던 일들은 그가 실패로부터 충분히 배우지 못했다는 사실만 보여 주었다.

넥스트에서 잡스는 일반 소비자가 아닌 연구자나 과학자들을 위한 고성능 컴퓨터를 만들었다. 1989년에 세련된 디자인에 독자적 운영 체계인 넥스트스텝NeXTSTEP을 갖춘 컴퓨터 큐브를 선보였다. 잡스는 "10년에 한두 번 일어날 만한, 컴퓨터 세계의 지형을 뒤바꿀 새로운 아키텍처의 등장"이라고 떠벌렸지만 시장에서는 철저하게 무시당했다. 당시 2,000~3,000달러 선이던 교육 시장용 컴퓨터 가격을 훨씬 웃도는 6,500달러라는 금액이 문제였다. 본체도 비쌌지만 느린 광디스크를 장착한 탓에 2,500달러짜리 외장 하드를 따로 구입해야 했고 2,000달러나 하는 프린터를 사지 않으면 쓸모도 없었다. 큐브의 판매량은 한 달에 400대 정도로 기대에 한참 못 미치는 수준이었고, 이로 인해 넥스트는 적자와 재정난에 시달렸다. 1990년에 선보인 넥스트스테이션NeXTstation 역시 판매가 신통치 않았다.

잡스가 넥스트에서 최고의 컴퓨터를 만들었다는 점은 누구나 인정했다. 하지만 비싼 가격과 느린 속도 등의 문제로 소비자에게 외면 받았던 맥의 실패를 반복하고 있었다. 넥스트에서 그의 이상은 현실과 맞지 않았으며, 독선적이고 불같은 성격도 여전했다. 모든 의사결정을 자기 마음대로 했고 전권을 휘둘렀다. 결과는 참담했다. 1993년, 더 이상 넥스트를 유지하는 것이 불가능할 정도로 사태는 심각해졌다. 애플에게 본때를 보여 주겠다는 사업 초기의 활력은 사라지고 재정 상태는 최악으로 치달았다. 천하의 잡스라도 실패를 인정하지 않을 수 없었다.

잡스는 마침내 실패를 깨끗이 인정하고, 막대한 돈을 들인 하드웨어 생산 라인을 폐기하기로 결정했다. 이 소식에 넥스트 창업 멤버들은 회사를 떠났고 초기 투자자였던 로스 페로[Ross Perot]도 잡스의 경영 방식에 문제를 제기하며 지원을 중단했다. 넥스트에 투자했던 캐논 역시 하드웨어 부분을 인수하고 관계를 단절했다. 연이은 실패와 투자자들의 철수로 사업을 포기할 수도 있었지만 잡스는 큐브의 실패를 거울삼아 소프트웨어 사업에 집중한다. 객체지향 프로그래밍을 통한 진일보한 운영 체계 개발은 잡스를 애플에 복귀할 수 있도록 하였고, 이때 개발했던 넥스트스텝의 운영 체계는 훗날 새로운 매킨토시의 운영 체계인 맥 OS X로 발전할 수 있었다.

1995년 마이크로소프트가 윈도 95를 출시하자 애플은 치명타를 맞았다. 그동안 매킨토시는 IBM 호환 기종과 마이크로소프트에 비해 앞선 운영 체계를 지닌 컴퓨터로 평가받았지만 이제 그런 우월성을 완전히 상실했다. 당시 애플의 CEO였던 길 아멜리오는 윈도 95 때문에 차별성이 없어진 맥 OS의 개선이 시급하다고 판단했다. 자체 개발을 시도했지만 예정되었던 시간을 넘겨도 완성될 조짐이 보이지 않았다. 대안으로 외부에서 운영 체계를 개발할 수 있는 파트너를 찾기 시작했다. 마이크로소프트, 선 마이크로시스템스, 애플에서 일했던 장 루이 가세가 만든 비[Be], 그리고 스티브 잡스가 만든 넥스트가 거론되었다. 잡스는 넥스트의 운영 체계만을 사는 것보다 넥스트와 그 안의 사람들 전체를 데려가는 것이 더 이득이라고 설득했다. 길 아멜리오는 솔깃했고 인수를 결정했다. 인수 이후 잡스는 애플의 임시 CEO로 복귀했고 인생 3막을 연다.

실패는 누구에게나 찾아온다. 인류가 살아가는 한 실패 없는 삶은 없다. 인생에서 실패는 때때로 찾아오는 과정이며, 실패했다고 삶이 끝나는 건 아니다. 누구든 죽기 전에는 그 사람의 인생이 실패했다고 단정할 수 없다. 인생이라는 기나긴 여정 속에서 실패 그 자체보다 실패를 어떻게 다루느냐가 더 중요하다. 그래서 마틴 루서 킹Martin Luther King Jr.은 "사람을 볼 때는 성공이 아니라 실패에 어떻게 반응하는가를 보고 판단하라."고 했다. 실패에서 배우지 못하는 사람들은 대부분 실패를 적으로 생각하고 절대 실패하지 않으려고 애를 쓴다. 하지만 그럴수록 왜 실패했는지 알지 못한다. 에디슨, 라이트 형제와 같이 우리가 아는 위대한 업적을 남긴 사람들은 대부분 어처구니없을 만큼 실패에 실패를 거듭했다. 하지만 그들은 실패를 통해 배웠다. 잡스 역시 실패를 거듭했지만 인생 2막의 실패에서 많은 것을 배웠다.

잡스는 이때의 일을 되돌아보면서 한 인터뷰에서 "계속 실패의 위험을 무릅쓰기로 한다면 그들은 여전히 아티스트이다. 딜런이나 피카소는 항상 실패를 두려워하지 않았다."라고 말했다. 자신을 예술가와 비교하기를 좋아했던 잡스는 인생 2막의 실패를 통해 자신의 역할 모델이었던 밥 딜런처럼 실패를 두려워하지 않아야 한다는 걸 배웠다. 그리고 팀을 중시하고 능력 있는 사람들과 함께 일할 줄도 알게 되었다.

만일 잡스가 매킨토시와 큐브의 실패를 인정하지 않고 예전처럼 끝까지 위대한 제품이라고 고집을 부렸다면 오늘날 우리는 아이폰을 만나지 못했을지도 모른다. 만일 잡스가 인생 2막의 실패에 좌절해 모든 것을 포기해버렸다면 오늘날 우리는 아이패드를 만나지 못했을지도 모른다. 잡스가 실패를 인정하고, 실패를 무릅쓰고 끝없이 혁신을 이루어 나갔기 때문에 현재의 애플을 만날 수 있는 것이다.

잡스 사용법
08

어제 일을 후회하느니
내일을 만들어 나가자

미국의 유명 경제 전문지인 「월스트리트저널」 산하의 IT 전문 매체 '올 싱즈 디지털 All Things Digital'은 2003년부터 매년 D 콘퍼런스 D Conference 행사를 주최한다. 2007년 5월 다섯 번째로 열린 'D5' 행사에서는 스티브 잡스와 빌 게이츠의 합동 인터뷰가 있었다. 두 사람이 공식적으로 한 무대에 선 것은 1983년 이후 처음이었다. 이때 잡스는 "과거로 돌아가 다시 하고 싶은 것이 없느냐."는 개인적인 질문을 받았다.

이즈음 잡스는 과거의 실패를 딛고 다시 성공 가도를 달리고 있었다. 경쟁사인 마이크로소프트의 침체와 달리 아이폰을 출시한 애플은 상승세였다. 과거의 영광을 회상해도 좋을 만한 시기였다. 1985년 잡스가 애플의 이사회로부터 직위 해제를 당했을 때 그가 애플로 다시 돌아올 수 있을 거라고 생각했던 사람은 없었다. 하지만 그는 다시 애플로 돌아왔고 성공했다. 마흔이 넘은 잡스에게 회한이 없을 리 없었다. 하지만 그는 이렇게 대답했다.

"처음 애플에 있었을 때 좀 더 잘할 수 있었을지도 모른다고 생각한 일이 많았습니다. 또 애플을 떠나고 난 뒤에 일어난 일들 중에도 잘못된 방향으로 흘러갔다고 생각했던 일들이 많았습니다. 하지만 그런 건 이제 아무런 상관이 없습니다. 옛날 일은 잊어버려야 합니다. 지금 우리가 있는 곳은 바로 이곳입니다. 우리는 앞을 보고 걸어가야 합니다."

스티브 잡스가 처음부터 이런 생각을 가지고 있었던 것은 아니다. 잡스도 보통 사람들과 마찬가지로 과거의 영광을 자랑하기를 좋아했다. 하지만 애플에서 쫓겨난 이후부터 서서히 변해 갔다. 잡스는 1997년 애플로 복귀하면서 훗날 애플 박물관이 설립되면 전시하려고 모아둔 옛날 자료와 기기들을 모두 스탠퍼드 대학에 기증했다. 과거의 유산이나 기억을 말끔히 걷어 내고는 직원들에게 이렇게 선언했다.

"뒤를 돌아보는 일은 여기서 중단합시다. 중요한 건 내일입니다. 뒤를 돌아보며 '내가 해고당하지 않았다면 좋았을 텐데. 내가 거

어제에 매달리느니
차라리 내일을 만들어야 한다.
그것만이 앞으로 나아가는 유일한 방법이다.

2008년 3월 애플 본사에서 아이폰에 대해 설명하는 잡스. ⓒEPA/MONICA M. DAVEY

기 있다면 좋을 텐데. 이러면 좋을 텐데, 저러면 좋을 텐데.' 한들 무슨 소용이 있겠습니까. 그런 건 아무래도 상관없습니다. 그러니까 어제 일어났던 일들을 걱정하느니 차라리 내일을 만들어 나갑시다."

과거 애플에 있을 때 매킨토시의 성공에 지나치게 집착하던 모습과는 사뭇 달라진 태도다. 애플에서 나오자마자 자신이 실수하지 않았다는 걸 보여 주기 위해 성급하게 넥스트를 창업했던 때와도 달라졌다. 애플로 돌아온 잡스는 더 이상 과거에 얽매이려 하지 않았다.

과거를 극복하지 못한 사람들은 대개 자신이 얼마나 힘들게 살아왔는지를 끊임없이 이야기한다. 어려움이 너무 큰 나머지 극복할 수 없었다는 자기 합리화를 하느라 바쁘다. 어떤 사람들은 과거의 아픔에 갇힌 채 사람을 만나거나 새로운 시도 자체를 꺼리기도 한다. 아픔을 겪을지도 모르는 일에 휘말리고 싶지 않다는 자기 방어의 일환이다. 자꾸 과거를 돌이켜 보며 후회하는 이들도 있다. 이래서는 과거에서 벗어날 수도 뛰어넘을 수도 없다. 인생에는 두 가지 갈림길이 있다. 하나는 회피이며 다른 하나는 정면 돌파다. 어떤 길로 향할지는 스스로 선택해야 한다. 인생에서 만나는 실패, 도전에 대한 두려움, 과거에 대한 집착은 선택을 회피하고 자신을 감정의 포로로 만드는 일이다. 자신을 과거라는 덫에 가두어 두는 사람은 다름 아닌 자기 자신이다. 잡스의 말처럼 과거는 아무리 후회한들 아무런 소용이 없다. 중요한 건 내일이다.

사람들은 어떤 생각의 패턴을 형성하면 그걸 쉽사리 바꾸지 않는다. 잡스의 말처럼 마치 레코드 판의 홈을 따라 돌아가는 바늘처럼 파놓은 패턴에서 빠져나오지 못한다. 그래서 잡스는 예술가조차 30, 40대가 되면 이미 놀랍고 새로운 창조를 이루는 경우가 드물다고 보았다. 하지만 창의적인 예술가로 살고 싶다면 자주 뒤를 돌아봐서는 곤란하다. 그동안 무엇을 해왔건, 어떤 사람이었건 다 버릴 각오로 임해야 한다. 자신이 어떠어떠한 사람이라는 고정된 이미지에 매달리면 새로움을 추구해야 하는 예술가의 본질에서 멀어질 뿐이다. 예술가만이 아니라 누구든 끊임없이 과거의 나와 이별하고 새롭고 다른 나를 찾아내려는 노력을 해야 한다. 사람은 누구나 과거에 얽매이는 순간 안주하거나 도전을 멈추게 된다. 오늘 앞으로 나아가기 위해 어제의 아픔이나 슬픔 혹은 성공과는 작별해야 한다. 과거의 문제를 곱씹느라 시간과 에너지를 낭비하면서 앞으로 나갈 수는 없다. 오히려 과거의 실패나 슬픔은 더 큰 성숙과 기회를 제공하는 하나의 변곡점이 될 수 있다.

내로라하는 기업들도 과거에 안주하는 실수를 한다. 최근 들어 코닥, 노키아, 모토로라, 소니처럼 역사를 자랑하던 글로벌 기업들이 줄줄이 몰락하고 있다.

1881년 설립된 코닥은 100여 년 동안 세계 최고의 필름 회사로 명성을 날렸다. 1883년에 코닥의 설립자 조지 이스트먼[George Eastman]은 롤필름을 발표했고, 1888년에 코닥 카메라를 출시했다. "카메라는 싸게 팔고 그 소모품인 필름에서 이익을 내자."라는 경영 전략으로 1976년 미국에서 필름 판매 점유율 90퍼센트를 차지했으며, 카메라 판매 점유율도 85퍼센트를 기록하는 등 필름과 카메라 업계의 최강자로 우뚝 섰다. 이런 코닥이 2012년 1월 19일에 미국 뉴욕 남부법원에 파산 보호 신청을 했다. 디지털 카메라의 보급으로 필름 시장이 사라져 버렸기 때문이다. 그런데 놀라운 것은 세계 최초로 디지털 카메라를 개발한 것이 바로 코닥이라는 사실이다. 코닥은 1975년에 세계 최초로 디지털 카메라를 개발했다. 하지만 미국 필름 시장의 90퍼센트를 차지하던 코닥은 자신들이 만든 디지털 카메라를 기회가 아니라 위협으로 받아들였다. 최초로 만든 디지털 카메라로 새로운 시장을 개척하기보다 필름 시장에 안주한 결과 130여 년의 전통에도 불구하고 코닥은 끝내 파산할 수밖에 없었다.

애플로 돌아온 잡스가 코닥처럼 과거에 안주했다면 애플은 줄어든 개인용 컴퓨터 시장에서 여전히 매킨토시 컴퓨터만 팔고 있을 것이다. 과거의 성공에 안주하지 않고, 과거의 실패에 좌절하지 않고 끊임없이 미래를 향해 도전했기에 오늘날의 애플이 있는 것이다. 잡스의 말처럼 어제에 매달리느니 차라리 내일을 만들어야 한다. 그것만이 앞으로 나아가는 유일한 방법이다.

잡스 사용법
09

늘 새로운 일을 갈망하고
우직하게 나아가라

2005년 6월, 스탠퍼드 대학교에서 스티브 잡스는 졸업하는 젊은이들에게 축하 연설을 했다. 이 연설은 아직도 많은 사람들에게 영감을 주는 명연설로 손꼽힌다. 연설에서 잡스는 미혼모의 아들로 태어나 입양되었고 대학을 중퇴했던 이야기, 애플을 창업해 성공했지만 애플에서 쫓겨난 경험, 암 판정을 받았지만 첫 번째 수술을 받고 회복되어 애플로 복귀한 일을 담담하게 이야기했다. 그리고 마지막으로 새로운 삶을 시작하려는 졸업생들에게 "늘 갈망하고 우직하게 나아가라."는 말로 연설을 마쳤다. 프레젠테이션의 달인답지 않게 시종일관 연설문을 읽어 내려갔지만, 삶에 대한 진솔한 이야기는 많은 사람들에게 감동을 주었고 특히 마지막 말은 현실에 안주하지 않고 언제나 미지의 가능성에 도전했던 잡스의 삶과 겹치며 더욱 큰 울림을 남겼다.

연설에서도 밝혔듯이 "늘 갈망하고 우직하게 나아가라."는 잡스가 「홀 어스 카탈로그 The Whole Earth Catalog」라는 책에서 인용한 말이다. 이 책자를 만든 스튜어트 브랜드 Stewart Brand 는 스탠퍼드 대학에서 생물학을 공부한 뒤 환경 운동을 하고 있었다. 브랜드는 다른 환경 운동가들과는 달리 기계문명을 부인하지 않고 도구와 테크놀로지가 진보하면 지구환경도 개선되리라 생각했다. 또 컴퓨터가 통제를 위해 만들어진 사악한 물건이 아니라 미래로 가는 지름길이라고 여겼다. 1968년에 출간된 「홀 어스 카탈로그」는 "도구들이 연결되는 통로"라는 부제를 달고 나왔다. 목공 용구나 공구에 대한 평, 도구들의 도면, 지도·철학서·과학서에 대한 소개 등 갖가지 정보가 실려 있던 이 책은 퍼스널 컴퓨터나 전자출판이 존재하기 전 타자기, 가위, 폴라로이드 카메라로 만든 종이 형태의 구글인 셈이었다.

잡스는 어린 시절 이 책을 무척 좋아했다. 잡스 또래의 아이들에게는 이 책은 거의 성경과도 같은 책으로 추앙받았다. 고등학생이었던 잡스에게 1971년에 나온 「홀 어스 카탈로그」의 최종판은 무엇과도 바꿀 수 없는 소중한 물건이었다. 대학 생활을 할 때나 올 원 팜 All One Farm 에서 사과나무 가지치기를 할 때도 최종판을 늘 곁에 두었을 정도였다.

　　잡스는 그토록 좋아했던 최종판의 기억을 이렇게 더듬는다. "최종판 뒤표지에는 이른 아침의 시골길 사진이 실려 있었습니다. 만약 여러분이 모험심이 강하다면 히치하이킹이라도 해보고 싶어할 만한 풍경이었습니다. 그 사진 아래에는 이런 말이 적혀 있었습니다. '늘 갈망하고 우직하게 나아가라.'"

　　최종판 뒤표지에 적혀 있던 "늘 갈망하고 우직하게 나아가라."라는 말은 그때부터 죽는 날까지 잡스의 좌우명이 되었다. 그리고 잡스는 스탠퍼드 대학교 졸업 연설에서 이 말을 젊은이들에게 들려줬다. 정해진 길을 따라가지 말고 자신의 길을 개척하라는 격려이자 어떤 틀에 갇히지 말고 두려움 없이 세상을 향해 나아가라는 당부였다.

　　스티브 잡스는 늘 갈망하고 우직하게 나아가는 삶의 전형으로 종종 예술가를 예로 들었다. 또 잡스는 자신을 창조적인 예술가처럼 생각했고 삶의 화두를 밥 딜런이나 비틀스의 모습에서 찾곤 했다. 10대 시절 워즈니악의 소개로 처음 밥 딜런의 노래를 듣기 시작한 이래 잡스는 가사를 외우고 음악 활동을 지켜보며 그를 삶의 지표로 삼았다. 잡스는 밥 딜런을 통해 아티스트가 평생 창작 활동을 하게 될지 혹은 접게 될지를 알아차릴 수 있는 순간이 있다는 걸 깨달았다. 어마어마한 성공을 거두었더라도 아티스트가 지금까지의 결과에 안주하는 순간 그의 활동은 사실상 끝이다. 반면 실패의 위험을 무릅쓰고 도전을 계속한다면 평생 아티스트의 길을 걷는다. 밥 딜런이나 비틀스, 피카소 같은 최고의 예술가들이 그랬다. 항상 새롭게 도전했고 그로 인해 맞닥뜨릴지도 모를 실패를 두려워하지 않았다. 그동안 이룬 성과만으로도 충분하고, 이제는 은퇴를 한다 해도 뭐라 할 사람이 없건만 안주하지 않고 겁 없이 늘 도전했다. 그래서 잡스는 그들을 좋아했고, 그들처럼 늘 새로운 일에 도전했다.

애플에 돌아온 이후 잡스는 위험할지도 모르는 미지의 가능성에 도전했다. 과거의 성공에 안주할 수도 있고, 과거의 실패에 좌절할 수도 있었지만 또 다시 우직하게 도전했던 것이다. 컴퓨터 회사였던 애플은 MP3 플레이어인 아이팟과 음악 다운로드 서비스인 아이튠즈 뮤직 스토어를 만들어 음악 시장에 뛰어들었다. 휴대폰과 아이팟과 인터넷 기기를 하나로 합친 아이폰을 만들며 기존의 키보드나 펜 형태의 스타일러스를 사용하지 않은 멀티터치 기능을 선보였다. 하드웨어와 소프트웨어를 연결한 아이튠즈 스토어를 통해서는 새로운 비즈니스 모델을 실험했다. 잡스의 이런 우직한 도전은 성공했다.

삶의 불확실성이란 모든 사람들이 느끼는 불안의 본질이다. 거절당할지도 모른다는 두려움, 어려움이 기다릴지도 모른다는 두려움, 실패할지도 모른다는 두려움. 이 모든 불확실성 앞에서 우리는 주춤거린다. 하지만 잡스는 한 번도 가보지 않은 미래를 두려움 대신 갈망하고 두근거리는 마음으로 나아가라고 말한다. 늘 새로운 일을 하고 싶다고 갈망하라, 미래를 향해 우직하게 나아가라, 끊임없이 진화하라. 이것이 대학을 졸업하고 사회로 나아가는 젊은이들에게 한 말이고 죽는 날까지 잡스가 살았던 방식이다.

잡스 사용법
10

중요한 순간에 스스로에게 질문을 하라

스티브 잡스는 열일곱 살 때 "하루하루를 인생의 마지막처럼 산다면, 언젠가는 바른 길에 서게 될 것이다."라는 글귀를 읽고 크게 감명 받았다. 그 후부터 잡스는 매일 아침 거울을 보면서 "오늘이 내 인생의 마지막 날이라면, 오늘 내가 하려는 일을 하려 할 텐가?"라고 스스로에게 질문을 하는 버릇이 생겼다. 만약 "아니요."라는 답을 계속하게 된다면 다른 일을 하는 것이 옳다는 것도 깨달았다. 이 습관은 아내인 로렌 파월 Lauren Powell을 만날 때를 비롯해서 삶에서 중대한 결정을 내릴 때마다 잡스에게 큰 도움을 주곤 했다.

　잡스가 천생연분인 로렌 파월을 만난 것은 1989년 스탠퍼드 경영대학원에서였다. 강의를 하러 갔던 잡스는 맨 앞자리에 앉은 신입생 로렌을 만났다. 두 사람은 강의가 시작되기 전에 잠시 이야기를 나누었다. 로렌은 운 좋게도 잡스를 만나게 되었다며 그가 저녁까지 사는 게 어떠냐고 농담을 했다. 잡스는 그날 넥스트 교육 세일즈 팀과 저녁 식사를 하기로 예정되어 있었다. 다음을 기약하며 로렌의 전화번호를 받아 적고 주차장에서 시동을 걸던 잡스는 불현듯 아침마다 거울을 보고 자신에게 던지던 질문을 떠올렸다.

　"만일 오늘이 지구에서 보내는 마지막 밤이라면 비즈니스 미팅을 하며 시간을 보내야 할까, 아니면 이 여자를 만나야 할까?"

　잡스는 곧 교육 세일즈 팀과 저녁 식사를 하기보다는 로렌 파월과 저녁을 먹는 것이 낫다는 결론을 내렸다. 잡스는 차에서 뛰어나와 로렌의 차가 있는 곳으로 가 "오늘 저녁은 어때요?"라고 물었고 그녀는 승낙했다. 두 사람은 도심지까지 함께 걸었고 팔로알토의 한 식당에서 네 시간 동안 함께 이야기를 나누며 식사를 했다.

　물론 그러고 나서도 일사천리로 사랑이 이뤄진 것은 아니다. 잡스는 로렌 파월을 사랑했지만 자기중심적이었기 때문에 결혼에 관해서만은 우유부단했다. 1990년 초 로렌 파월에게 청혼을 하고나서 수개월이 흐르도록 결혼에 관해서는 한마디도 언급하지 않았다. 독립적이고 자기주장이 강한 로렌 파월은 이유를 따져 물었고 그제야 잡스는 하와이의 여행지에서 좀 더 형식을 갖추어 다시 청혼했다. 당시 로렌 파월은 임신까지 했지만 결혼이라는 결정 앞에서 잡스는 또다시 망설였다. 심지어 헤어진 연인 티나 레저에게 장미꽃을 보내기도 했다. 하지만 잡스는 고민 끝에 로렌 파월과의 결혼을 선택했고, 1991년 요세미티 공원의 아와니 호텔에서 결혼식을 올렸다.

2011년 결혼 20주년을 맞이한 잡스는 자신이 정말 결혼을 잘한 것 같다며 아내에게 고마움을 표시했다. 자신같이 이기적이고 까다로운 사람을 만났지만 아내가 현명했기에 모든 걸 이겨 냈다며 아내에게 더없이 감사했다.

잡스는 스스로 인정하듯 냉정과 열정 사이를 왔다 갔다 하는 미묘하고 불안정한 성격을 지녔다. 가정을 꾸리고 나서야 그는 좀 더 여유롭고 유연해졌다. 잡스에게는 이미 고등학교 시절 친구였던 크리스앤 브레넌Chris-Ann Brennan과의 사이에서 얻은 딸 리사Lisa Brennan-Jobs가 있었다. 당시 스물세 살이었던 잡스는 리사가 자신의 딸이 아니라고 부인했다. 오랫동안 자신의 잘못을 바로잡지 않았던 잡스는 결혼 이후에야 리사를 받아들였고 아버지 노릇을 하려고 애썼다. 2011년 그의 병세가 악화되자 찾아온 리사에게 "네가 다섯 살 때 좀 더 좋은 아빠였다면 좋았을 텐데."라는 말을 반복하며 미안해했다.

췌장암으로 생사의 고비를 넘기며 잡스의 가족에 대한 애정도 커져 갔다. 2009년 간 이식 수술을 받았을 때는 아들 리드Reed Jobs가 졸업하는 모습을 꼭 보겠다는 마음으로 고통을 견뎠다. 2010

년 6월 아들의 고등학교 졸업식에 참석해서 "오늘은 내 생애 가장 행복한 날 중 하루입니다. 리드가 고등학교를 졸업하거든요. 나는 모든 어려움을 이겨 내고 이 자리에 참석했습니다."라며 감격에 겨워 했다. 잡스가 공식 자서전을 펴내기로 결심한 이유도 아이들 때문이었다. 아이들이 자랄 때 곁에 있어주지 못한 잡스는 아이들이 그 이유를 알아주기를, 아버지가 무엇을 했는지 이해해주기를 바랐다.

잡스의 여동생이자 소설가인 모나 심슨 Mona Simpson은 잡스가 애정 표현을 많이 하는 아버지이자 아내를 변함없이 사랑한 남편이었다고 기억했다. 잡스는 마지막 순간까지 영원히 눈을 떼지 않을 것처럼 아이들을 바라보았고 아내에게는 미안해했다. 잡스는 일을 할 때는 변덕스러운 괴짜였지만 가족에 대한 사랑만큼은 깊고 진실했다.

2011년 잡스가 또 다시 병가를 내자 팔로알토에 있는 그의 집으로 지인들이 하나둘 찾아왔다. 평생 동안 반목과 화해를 거듭했던 빌 게이츠도 그중 한 사람이었다. 빌과 잡스는 지난 시절을 회고하다가 결혼에 관해서도 이야기를 나누었다. 두 사람은 "좋은 여자와 결혼해서 착한 자녀들을 두었으니 우리는 행운아"라며 마주 보며 웃었다.

잡스가 행운아가 될 수 있었던 것은 매일 아침 거울을 보면서 "오늘이 내 인생의 마지막 날이라면, 오늘 내가 하려는 일을 하려 할 텐가?"라고 자신에게 질문을 던진 덕분이었다. 만약 잡스가 로렌을 만난 날 이 질문을 자신에게 하지 않았다면 행운을 영원히 잠을 수 없었을지 모른다.

　　매일 반복되는 일상에 파묻혀 오늘이 어제 같은 삶을 살아갈 때 잡스처럼 스스로에게 물어보라. 당연히 해야 할 일을 하고 있을 때 혹은 아주 중요한 일을 하려 할 때도 잡스처럼 물어보라. 오늘이 내 인생의 마지막 날이어도 이 일을 할 것인가 하고 스스로에게 물어보라. 묻는 것만으로도 많은 답을 얻을 수 있을 것이다.

잡스 사용법

11

오늘이 삶의 마지막 날인 것처럼 열정적으로 살아라

스티브 잡스는 2003년에 자신이 암에 걸렸다는 것을 알게 되었다. 종합검진을 받았는데 췌장에 종양이 있다는 사실이 확인되었다. 의사들은 치료가 불가능한 종류의 암이라 길어야 3~6개월밖에는 살지 못할 거라고 했다. 주치의는 집으로 돌아가 신변정리를 하라고까지 조언했다. 가족들에게 작별인사를 하고 죽음을 준비하라는 뜻이었다. 하지만 그 후 췌장에 붙어 있는 암세포 조직을 정밀 검사한 결과 수술로 치료가 가능한 희귀한 췌장암이라는 판단이 내려졌다. 초기에 발견되어 수술로 치료가 가능했지만 잡스는 수술을 택하지 않았다. 개복 수술에 대해 거부감을 갖고 있었던 잡스는 수술 대신 식이요법과 대체요법을 택했다. 주변 사람들과 전문가들이 수술을 받으라고 했지만 잡스는 말을 듣지 않았다. 9개월 뒤 다시 검사를 했을 때 종양은 더 많이 자라 있었다. 잡스는 결국 수술에 동의했고 2004년 7월에는 췌장의 일부를 제거하는 수술을 받았다.

　잡스는 스탠퍼드 대학교 졸업식 연설에서 이때의 경험을 이야기했다. 이날 그는 자신의 삶에서 깨달은 세 가지 이야기를 들려주었는데 마지막에 암으로 죽음의 문턱까지 가보고 나서 알게 된 죽음에 관해 말했다. 잡스는 연설에서 처음 암 판정을 받았을 때를 회상하며 앞으로 수십 년 간은 그 경험이 죽음과 가장 가까이 갔던 일이길 바란다고 너스레를 떨었다. 그러고는 암 선고가 가져다준 죽음에 대한 깨달음에 관해 담담하게 이야기했다. 그는 죽음에서 빠져나오고 보니 이제 죽음을 순전히 머리로만 알고 있던 때와는 다른 생각을 하게 되었다고 솔직하게 고백했다.

　"그 누구도 죽기를 원하지 않습니다. 천국에 가고 싶다는 사람들조차도 당장 죽는 건 원하지 않습니다. 그럼에도 우리 모두는 언젠가 죽을 것입니다. 누구도 피해갈 수 없습니다. 그리고 그렇게 될 수밖에 없습니다. 죽음이란 삶이 만들어 낸 최고의 발명품이니까요. 죽음은 삶을 변화시킵니다. 죽음은 낡은 것을 지워버리고 새로운 것을 위한 길을 닦아 줍니다. 바로 지금, 여러분이 그 새로움입니다. 하지만 얼마 지나지 않아 여러분도 차츰 낡은 것이 되어 사라

2011년 10월 6일 팔로알토에 있는 잡스의 집 앞에 놓여있는 꽃다발. ⓒUPI/Terry Schmitt

삶은 영원하지 않다.
죽음을 기억한다면 삶은 변해야 한다.

질 것입니다."

　열일곱 살 때부터 아침마다 거울을 보면서 "오늘이 내 인생의 마지막 날이라면, 오늘 내가 하려는 일을 하려 할 것인가?"라고 스스로에게 묻곤 했던 잡스조차도 죽음과 직면하는 것은 어려운 일이었다. 췌장암으로 죽음에 가까이 가보고 나서야 세상 모든 것들이 죽음 앞에서 아무것도 아니라는 것을 깨달았다. 타인의 기대, 스스로에 대한 자부심 혹은 실패에 대한 두려움. 이 모든 것들은 죽음 앞에서 아무것도 아니었다. 언젠가 죽는다는 사실을 기억하는 것은 살면서 뭔가 잃을 것이 있다는 함정으로부터 벗어나는 가장 좋은 길이었다. 인간에게 죽음이 존재하는 한 누구나 한낱 벌거숭이에 지나지 않는다. 잃을 것을 두려워할 이유가 없다. 그러니 마음이 가는 대로 따르지 못할 이유도 없다. 그래서 잡스는 "죽음이란 삶이 만들어 낸 최고의 발명품이다."라고 말했다. 삶이 영원하지 않다는 사실을 깨닫는 순간, 과거에 얽매여 살 필요도 없고, 오지 않은 미래를 걱정할 이유도 없다. 오로지 지금, 살아있는 이 순간을 생각하며 살 뿐이다. 그래서 죽음이 삶을 변화시킨다는 것이다.

　2004년 췌장의 일부를 제거하는 수술을 받은 후 잡스는 애플에서 세상을 변화시키는 위대한 일을 계속했다. 아이폰을 출시하고 아이패드를 개발하는 등 마치 오늘이 그의 삶의 마지막 날인 것처럼 열정적으로 일을 했다. 수술 결과는 성공적이었지만 암은 멈추지 않았다. 암은 다시 다른 곳으로 전이되었고, 2009년 1월에는 병가를 낼 수밖에 없을 정도로 상태는 악화되었다. 잡스는 그해 6월에

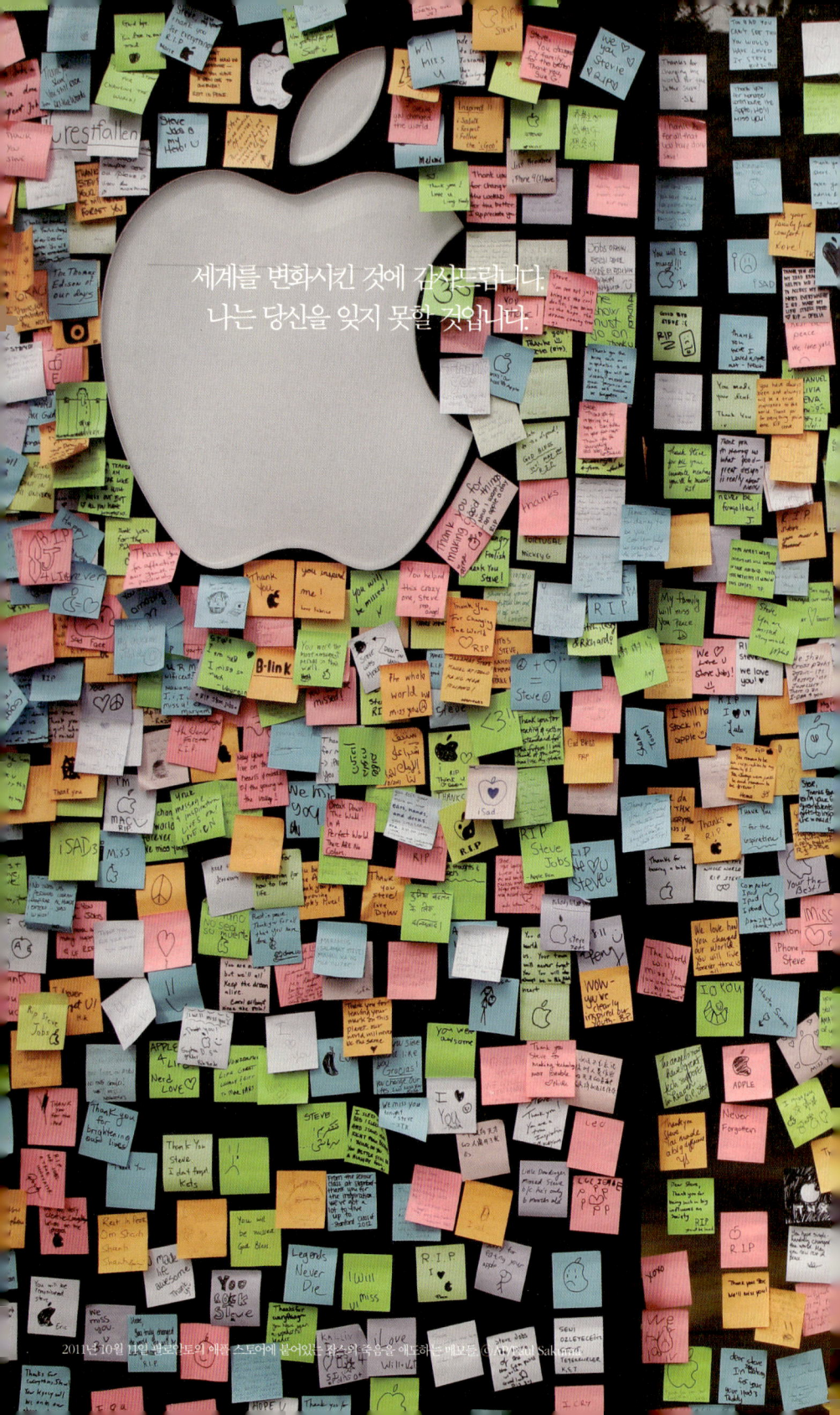

멤피스의 한 병원에서 간 이식 수술을 다시 받았다. 수술 후 잡스는 조용히 죽음을 준비하는 대신 다시 일을 시작했다. 2009년 9월 9일 애플의 뮤직 이벤트 무대에서 공식적으로 복귀했다. 그가 등장하자 사람들은 거의 1분 동안 기립박수를 쳤다. 2010년 초가 되자 잡스는 건강을 회복한 듯 보였고 정열적으로 일에 매달렸다. 2010년 1월 27일 샌프란시스코에서 열린 아이패드 발표에도 나섰다. 이 자리에는 잡스의 간 이식과 췌장 수술을 맡은 의사들이 참석했고 애플 초창기의 사람들도 다수 초대해 건강에 대한 자신감과 열정을 과시했다. 하지만 암은 더욱 진행되어 2011년 1월 잡스는 또 다시 병가를 낼 수밖에 없었고, 8월 24일에는 애플 CEO를 사임했다. 결국 CEO에서 물러난 지 42일 만인 10월 5일 췌장암으로 인한 호흡정지로 스티브 잡스는 세상을 떠났다.

    언젠가 죽을 수밖에 없는 유한한 존재인 인간이 죽음 앞에서 할 수 있는 일은 무엇일까? 많은 철학자들이 그 질문에 답하기 위해 노력했지만 그것조차 죽음 앞에서는 무의미했다. 어쩌면 스티브 잡스가 그랬던 것처럼 마치 오늘이 삶의 마지막 날인 것처럼 열정적으로 사는 일, 그것만이 인간이 할 수 있는 유일한 일인지도 모른다.

2부 | 혁신에 대한 사용법

스티브 잡스와 애플처럼 혁신하려면 어떻게 해야 할까

대부분의 기업이 혁신이 필요하다고 말하지만 제대로 혁신하는 경우는 많지 않다. 조직은 관료적이고 수직적이어서, 창의적인 인재가 설 자리가 없다. 때로는 연구 개발비를 늘리는 것이 혁신이라고 생각하는 우를 범하기도 한다. 스티브 잡스는 아이폰, 아이패드 등 제품 혁신을 시작으로 애플 스토어 같은 유통혁신, 아이튠즈 뮤직 스토어나 앱 스토어 같은 비즈니스 모델 혁신을 이끌어냈다. 또 소프트웨어와 하드웨어 그리고 콘텐츠가 어우러지는 애플 생태계를 창조하며 애플을 전방위적 혁신 기업으로 만들었다. 제품 혁신을 시작으로 조직, 프로세스 나아가 비즈니스 모델 혁신을 아우르는 잡스의 창조와 혁신 정신에서 그 답을 찾아보자.

잡스 사용법
12

혁신적인 제품이
새로운 시장을 만든다

오늘날 세계의 기업들에게 혁신은 절체절명의 화두이다. 기술 발전의 속도가 빨라지면서 시장과 소비자의 변화에 순발력 있게 대응하지 못하면 도태될 수밖에 없다는 위기의식이 팽배해 있다. 이제 기업들에게 혁신은 선택이 아니라 살아남기 위한 필수 조건이 되었다.

스티브 잡스와 애플은 언제나 혁신을 강조했다. 특히 제품 혁신을 강조했다. 잡스는 2004년 4월 23일 〈CNN 인터내셔널〉과의 인터뷰에서 "애플은 항상 제품 혁신을 기반으로 하고 있다."라고 말한 다음 "애플은 애플Ⅱ라는 혁신적인 제품을 만들어 개인용 컴퓨터 시장을 창조했다."라고 자신 있게 이야기했다.

1970년대에 들어서자, 이전까지는 대기업이나 정부 기관의 전유물이었던 컴퓨터가 일반 대중들에게까지 파고들기 시작했다. 컴퓨터를 사용하고자 하는 대중의 열망은 강렬한데 반해, 정작 이들이 쓸 만한 컴퓨터는 보기 드물었다. 당시 컴퓨터는 크기가 어마어마한, 기업에서나 사용하는 제품이었다.

그런 상황에서 1975년 1월 세계 최초의 개인용 컴퓨터인 알테어 8800이 출시되었다. 알테어는 부품을 조립하여 만드는 컴퓨터로 조립 키트에는 인텔의 8080 마이크로프로세서와 256바이트 램, 라이트와 스위치, 그리고 철제 케이스와 파워 서플라이가 들어 있었다. 조립 키트는 397달러에, 조립을 완료한 제품의 경우에는 498달러에 판매가 되었다.

알테어의 출시는 그 당시 컴퓨터 마니아들에게는 충격적 사건이었다. 홈브루 컴퓨터 클럽에서 알테어 시연회를 보고 스티브 워즈니악은 마이크로프로세서를 이용해 대형 컴퓨터의 성능 일부를 단말기에 담아 그 자체로 독립적인 작은 컴퓨터를 만들 수 있을 거라고 생각했다. 워즈니악은 그해 6월에 마이크로프로세서로 모토로라의 MOS 6502를 사용하고 전반적인 회로 설계를 간략화한 회로 기판 설계에 성공했다. 워즈니악은 자신이 고안한 회로기판 설계도 사본을 홈브루 컴퓨터 클럽 회원들에게 무료로 나눠 주려고 했다. 하지만 잡스는 다른 생각을 했다. 클럽 회원들이 대부분 회사원이라 시간이 없으니 대신 만들어 판매하자고 제안했다. 그렇게 해서 애플 컴퓨터가 설립되고, 애플I이 만들어진다.

애플I은 알테어보다 사용하기 편리한 컴퓨터였지만 일반인이 쓰기에는 한계가 있었다. 컴퓨터 마니아가 아니더라도 누구나 사용하기 편리한 컴퓨터를 만들고 싶었던 잡스는 애플II 개발에 착수한다. 애플I에 이어 워즈니악이 회로 기판과 운영 소프트웨어를 개발했다. 애플II는 복잡하고 어려운 소프트웨어로 작동되던 애플I보다 좀 더 편리하게 사용할 수 있는 컴퓨터였다. 멋진 플라스틱 케이스, 키보드, 모니터와 전원 장치를 갖춘 일체형 컴퓨터였다. 워즈니악은 자신이 만든 벽돌깨기 게임을 애플II에서 실행할 수 있도록 컬러를 지원했다. 또 소리를 낼 수 있도록 사운드 작업을 하고 스피커까지 달았다.

이렇게 만든 애플II는 1977년 4월부터 1,298달러에 판매하기 시작했다. 애플I보다는 비싼 가격이었지만 당시 컴퓨터 중에서는 가장 저렴한 편에 속했다. 애플II는 출시 즉시 개인용 컴퓨터로 큰 인기를 끌었다. 최초의 스프레드시트인 비지칼크는 당시에는 한동안 애플II에서만 사용할 수 있어 기업 입장에서도 애플II는 꼭 필요한 컴퓨터였다. 1970년대 말 고등학교에서 컴퓨터 프로그래밍 수업이 진행된 덕분에 가정에서도 애플II는 인기였다. 1978년에 7,600대 팔리던 것이 1980년에는 그 10배인 78,100대, 1982년에 이르자 30만 대로 늘었다. 애플II는 처음 등장한 이래 16년간 모델이 출시되었고 총 600만 대가 팔리며 크게 성공했다.

애플Ⅱ는 잡스의 말대로 본격적으로 개인용 컴퓨터 산업을 탄생시킨 주역이다. 애플Ⅱ의 성공으로 개인용 컴퓨터 시장이 커지자 그 당시 세계 최대의 컴퓨터 업체였던 IBM이 1981년에 'IBM PC'를 출시해 개인용 컴퓨터 시장에 본격적으로 뛰어들었다. IBM은 시스템 전반의 구조 및 설계 방식을 완전히 공개해 IBM 외의 제조사에서도 이와 완전히 호환되는 PC 본체 및 주변기기, 소프트웨어를 자유롭게 설계, 생산할 수 있었다. 이는 개인용 컴퓨터 산업을 비약적으로 발전시켰다.

잡스는 애플Ⅱ의 성공 이후 애플을 따라한 IBM이나 마이크로소프트를 향해 맹비난을 퍼붓곤 했다. 이유인즉 이들이 혁신적인 제품을 만들어 내지 않고 선구자인 애플을 추종하는 데 급급한 모방 기업에 불과하다고 생각했기 때문이다. 잡스는 혁신적인 제품만이 기업을 성공시킬 수 있다고 보았다.

잡스가 그토록 강조한 '혁신'이란 말은 원래 조직이 목적을 향해 경제적, 사회적인 변화를 일으키려는 모든 노력을 통틀어 일컫는다. 이런 혁신이라는 말을 경제학이나 경영학에서 처음 사용한 이는 1883년 오스트리아에서 태어난 미국의 경제학자 슘페터[Joseph Alois Schumpeter]이다. 20세기를 대표하는 경제학자인 그는 평생 동안 자본주의를 자본주의답게 만드는 것은 무엇일까를 연구했다. 슘페터는 기업이 성장하고 그 결과로 사회가 발전하려면 기업이 혁신적 활동을 해야 한다고 생각했다. 그에 따르면 혁신은 '창조적 파괴'를 통해

애플 I

애플은 혁신적인 제품을 만들어
개인용 컴퓨터 시장을 창조했다.

애플 II

경제와 사회, 조직에 커다란 영향을 미친다. 불확실한 환경에서 위험을 감수하고 혁신을 꾀할 때만이 기업이 부를 창출할 수 있다고 보았다. 슘페터는 기술혁신을 통해 창조적 파괴에 앞장서는 기업가를 혁신자로 보았으며 이들이 자본주의를 자본주의답게 만든다고 보았다. 그는 혁신자가 갖추어야 할 요소로 신제품 개발, 새로운 생산방법의 도입, 신시장 개척, 새로운 원료나 부품의 공급, 새로운 조직의 형성, 노동생산성 향상 등을 꼽았다.

그때까지 경제학자들은 가치 있거나 희소한 자원이 부를 만든다고 여겼다. 따라서 기업이 경쟁력을 높이려면 자본, 기술, 특허와 같은 자원이 필요하다는 것이 보편적인 상식이었다. 혁신을 강조하는 슘페터의 이론은 이전 경제학자들과는 사뭇 달랐다. 이런 슘페터의 이론은 아이러니하게도 당대에는 외면 받았다. 그가 다시 각광 받기 시작한 것은 1980년대부터였다. 컴퓨터를 기반으로 한 IT 기업이 등장하며 그의 이론이 현실에서 증명되었기 때문이다. 창업자의 집 창고에서 소자본으로 출발한 HP와 마이크로소프트 그리고 애플 같은 기업들이 아이디어로 승부해 커다란 성공을 일궈 내자 슘페터의 이론은 정설로 자리 잡았다.

슘페터의 혁신 이론은 오늘날 기업 경영 전반에서 보다 넓은 개념으로 확장되고 있다. 혁신에는 슘페터가 말했던 제품 혁신이라는 좁은 범위의 혁신 외에도 서비스 혁신, 비즈니스 모델 혁신, 경영 혁신, 프로세스 혁신, 조직 혁신, 가치 혁신, 구성원 혁신 등 기업이 발전하기 위해 필수적인 모든 요소가 포함된다.

애플Ⅱ라는 혁신적인 제품 덕분에 개인용 컴퓨터 시장이 열렸다. 또 애플은 대기업으로 성장할 수 있었고, 잡스는 큰 부자가 될 수 있었다. 잡스는 애플Ⅱ의 성공으로 혁신적인 제품의 중요성을 일찍부터 깨달았다. 그래서 그는 언제나 제품 혁신을 강조했고, 시대의 흐름과 사용자의 요구에 맞는 혁신적인 제품을 만들려 했다. 잡스는 애플Ⅱ 이후 매킨토시, 아이맥, 아이팟, 아이폰, 아이패드 등 혁신적인 신제품을 내놓아 애플을 세계적인 거대 기업으로 키워 냈다.

잡스 사용법
13

혁신하는 기업만이 살아남는다

　빠르게 변화하는 기업 환경에서 살아남고 성장하기 위해 많은 기업들이 혁신을 강조한다. 그런데 혁신을 강조하는 기업들 중에 어떤 기업은 세계적 기업으로 성장하는데 어떤 기업은 성장하지 못하고 심지어 망하기까지 한다. 도대체 그 이유가 뭘까? 이는 전적으로 혁신에 대한 잘못된 이해에서 비롯된다.

　1985년 애플을 떠났던 잡스는 12년 만인 1997년에 복귀했다. 1997년 8월 보스턴에서 열린 맥월드 엑스포는 일반 대중에게 그의 귀환을 알리는 첫 무대였다. 청중들의 열렬한 환호 속에 등장한 잡스는 자신을 픽사 회장이자 애플의 임시 CEO라고 소개하며 말문을 열었다.

"애플을 살릴 유일한 처방은 비용 절감이 아니라 혁신을 통해 현재의 곤경에서 벗어나는 것입니다."

보통 위기에 처한 기업들은 비용 절감을 위해 구조조정을 가장 먼저 택한다. 잡스 역시 구조조정을 했지만 구조조정이 첫 번째 방법은 아니었으며, 그보다는 혁신이 더 필요하다고 강조했다. 잡스가 말한 혁신이란 과연 무엇일까?

잡스는 1998년 11월 「포춘」과의 인터뷰에서 혁신에 대해 보다 상세하게 이야기한다.

"혁신은 연구개발비의 규모와 전혀 상관없습니다. 애플이 매킨토시를 내놓았을 때 IBM은 최소한 100배 이상의 자금을 연구개발비로 지출하고 있었습니다. 혁신은 돈에 관한 문제가 아닙니다. 혁신은 보유한 인력에 관한 문제이자, 어떤 지휘를 받느냐에 관한 문제이며, 그러한 사실을 얼마나 잘 이해하고 있느냐에 관한 문제입니다."

대부분의 기업들은 혁신을 단행하기 위해 가장 먼저 연구개발비를 늘린다. 경쟁에서 우위를 점하기 위해서는 지금껏 선보인 적이 없는 새로운 기술을 개발하거나 경쟁사보다 높은 수준의 신기술을 선보여야 한다는 강박 때문이다. 하지만 잡스는 연구개발비만을 늘리는 것은 혁신이 아니라고 생각했다. 연구개발비를 늘린다고 반드시 제품 혁신이 이루어지는 것도 아니고, 제품만 혁신한다고 성공하는 것은 아니라고 보았다. 그래서 잡스는 아이맥과 같은 혁신적인 신제품을 개발하는 동시에, 조직 혁신을 통해 협업적인 조직 문화를 만들고, 과감하게 생산 라인을 축소하고 불합리한 부분들을 정리하는 프로세스 혁신을 단행하였다. 그 결과로 오랫동안 적자에 시달리던 애플은 마침내 1997년 4/4분기부터 수익을 올리기 시작했다.

2010년까지 6년 연속으로 「비즈니스위크」가 세계에서 가장 혁신적인 기업으로 선정한 애플의 경우 연구개발비는 다른 기업에 비해 상대적으로 적은 편이다. 애플이 지난 10여 년 동안 연구개발에 투자한 비용은 총 100억 달러로 연평균 10억 달러 수준이다. 2002년 애플의 연구개발비는 매출액 대비 18퍼센트로 가장 높았지만 이후 꾸준히 감소 추세를 보였다. 2010년 연구개발비는 24억 달러로 총 수익의 2퍼센트 선에 그쳤다. 하지만 애플은 어떤 기업보다도 혁신적인 제품을 선보였고 잡스는 혁신의 아이콘으로까지 불렸다.

이에 반해 마이크로소프트는 매년 수조 원에 달하는 연구개발비를 투자한다. 2006년에는 70억 달러 규모였던 연구개발비가 2011년에는 96억 달러로 늘어났다. 마이크로소프트는 애플의 아이팟과 아이튠즈 스토어가 선보이자 연구개발을 통해 유사 제품과 서비스를 준비했다. 윈도 기반 MP3 플레이어 준^{ZUNE}과 온라인 음원 유통 사이트 플레이포슈어^{PlaysForSure}가 그것이다. 수억 달러의 개발비를 들여 만들었지만 이는 모두 실패했다. 연구개발비가 적어서가 아니었다. 소니가 음반 사업 부문의 매출 감소를 우려해 디지털 음원 시장에 진출하지 않았던 것처럼, 마이크로소프트는 윈도와 오피스 제품군에 집착하는 내부의 관료주의 때문에 혁신을 할 수 없었다. 조직의 규모가 커지면서 창의적이고 역동적인 의사 결정이 어려워졌고 그에 따라 적기에 새로운 제품과 서비스를 시장에 내놓을 수 없었다. 뒤늦게나마 시장의 추세를 따라가기 위해 막대한 개발비를 들여 유사한 제품을 만들었지만 그것은 혁신적인 제품이나 서비스와는 거리가 멀었다. 최근에 많은 연구개발비가 투자된 마이크로소프트의 모바일 운영 체계도 마찬가지다. 마이크로소프트는 컴퓨터에 사용되는 윈도 OS의 크기만 줄여서 휴대폰에 구겨 넣은 탓에 속도가 느려 사용자들로부터 외면 받았다. 그래서 거액의 연구개발비를 투자했지만 아무도 더 이상 마이크로소프트를 혁신적인 기업이라고 부르지 않는다.

블랙베리BlackBerry의 제조사인 캐나다의 리서치 인 모션RIM과 핀란드의 노키아Nokia 역시 연구개발비에 거액을 쏟아부은 것으로 알려져 있다. 리서치 인 모션의 경우 아이폰이 등장하자 연구개발비를 500퍼센트나 늘렸지만 별다른 성과를 거두지 못했다. 노키아는 2년 동안 40억 달러를 자체 운영 체계인 심비안 개발에 쏟아부었지만 점유율은 더 하락했다. 심지어 2011년에는 그나마 개발하던 심비안을 폐기하고 사용자들에게 외면 받고 있는 마이크로소프트의 모바일 운영 체계를 채택하기까지 했다. 그 사이 2006년 휴대폰 시장에서 67퍼센트의 압도적인 시장점유율을 보였던 노키아는

2011년 13퍼센트로 점유율이 하락하는 참혹한 결과를 맞았다.

혁신이란 기술 개발, 구조조정 혹은 창의적인 인재의 확보 중 어느 한 가지를 갖춘다고 이뤄지는 게 아니다. 혁신은 신제품 개발, 인재 확보, 팀워크, 조직이 조화를 이룰 때 실현된다. 혁신은 새로운 아이디어의 발상부터, 창조, 개발, 실행까지를 모두 아우르는 비즈니스의 전 과정이다. 어떤 기업이 혁신을 위해 필요한 개별 요소를 갖추고 있다고 해도 이 모든 것이 유기적으로 결합되어 실천되지 않는다면 결코 혁신은 일어나지 않는다. 리더와 직원들이 혁신의 전 과정을 공유할 때 비로소 혁신적인 제품과 서비스가 탄생한다. 막대한 연구개발비를 쏟아붓는 것으로 혁신을 하고 있다고 착각하는 기업에게는 도태만이 기다릴 뿐이다.

잡스 사용법
14

집중해야 혁신적인 제품을 만들 수 있다

스티브 잡스는 1997년 3월에 열린 애플 세계 개발자 회의 WWDC에서 대화를 나누던 중 자신이 생각하는 혁신을 이렇게 정의했다.

"사람들은 집중이란 초점을 맞춰야 하는 일에 '예'라고 답하는 것이라고 생각합니다. 하지만 집중의 의미는 절대 그런 것이 아닙니다. 집중이란 수백 가지 좋은 생각에 대해서도 '아니요'라고 답하는 것입니다. 조심스럽게 가려내야만 합니다. 사실 나는 우리가 한 일만큼이나 우리가 하지 않는 일을 자랑스럽게 여깁니다. 혁신이란 1,000가지의 생각을 거절하는 것입니다."

전 세계 IT 분야의 미디어와 종사자들이 참여하는 애플 세계 개발자 회의에서 잡스는 위기에 처한 애플이 미래에 선보일 제품에 관한 구상을 이렇게 허심탄회하게 털어놓았다. 잡스는 애플이 제품 혁신을 단행할 것이며 이는 소수의 제품 개발에 집중하는 방향이 될 것임을 시사했다.

1997년 스티브 잡스는 애플의 여러 개발 팀들을 만나 이미 출시된 제품과 현재 개발 중인 제품들에 관해 격의 없는 토론을 벌였다. 당시 애플은 각 제품마다 다양한 버전을 생산하고 있었다. 매킨토시 만해도 1400, 3400, 9600 등의 모델 번호를 단 10여 가지 버전이 출시되고 있었다. 직원들의 설명을 듣던 잡스는 도무지 제품의 차별성을 명확히 이해할 수 없었다. 그저 매출 압박을 견디지 못해 타성적으로 만들어 낸 제품들이거나 판매상들의 요구를 수용한 유사 제품으로밖에는 보이지 않았다.

잡스는 직원들에게 다른 식으로 질문하기 시작했다. "내 친구가 들고 다닐 컴퓨터가 필요한데 대체 어떤 걸 사라고 하면 좋을까요?" 실제 소비자가 필요한 상황을 설정하고 그에 맞는 답변이 돌아오지 않으면 그 제품의 생산을 중단시켰다. 애플의 실로 많은 제품과 프로젝트가 이 과정에서 사라졌다. 뉴턴 Newton 프로젝트, 사이버독 Cyberdog, 오픈독 OpenDoc 등 사업의 70퍼센트 가량이 폐기되었다. 프린터 사업도 마찬가지로 사라졌다. 당시 애플은 HP 데스크젯 버

1993년에 존 스컬리가 발표했으나 1998년에 단종된 세계 최초의 PDA 뉴턴.

끊임없이 생각하고, 거절하고,
정말로 뛰어난 제품에 집중해야
혁신적인 제품을 만들 수 있다.

전 중 하나인 컬러 프린터 스타일라이터를 판매했다. HP는 카트리지 판매로 수익을 내고 있는데 정작 애플은 프린터 사업으로 별다른 이익을 거두지 못했다. 잡스는 회의 중에 자리를 박차고 나와 HP에 전화를 걸어 계약을 파기해 버렸다. PDA 뉴턴의 생산 또한 중단되었다. 뉴턴은 잡스를 쫓아낸 존 스컬리가 애정을 가졌던 제품이었고, 잡스가 불편하다며 싫어했던 스타일러스가 달려 있었기 때문이었다.

잡스는 애플의 제품을 크게 네 가지 방향으로 단순화하고 집중하길 원했다. 전임 CEO였던 길 아멜리오$^{Gil\ Amelio}$가 애플이 만들어 내는 제품의 종류가 더 늘어나야 매출도 증가할 수 있다고 생각했던 것과는 전혀 다른 발상이었다. 잡스는 애플의 제품을 프로가 쓸 데스크톱, 프로가 쓸 휴대용, 일반 소비자가 쓸 데스크톱, 일반 소비자가 쓸 휴대용, 이렇게 네 개의 영역으로 나누고 각 분야에서 최고의 제품을 만드는 일에 집중하기로 했다.

잡스가 폐기처분한 애플의 제품들이 모두 엉망이었던 것은 아니다. 어느 정도 만족스러운 것도 있었다. PDA 뉴턴의 생산 중단은 내부뿐 아니라 외부에서도 반대 여론이 만만치 않았다. 하지만 그 정도 수준에서 만족한다면 혁신을 이룰 수 없었다. 보통보다 좀 더 나은 수준에 만족해서는 결코 혁신을 할 수 없다. 끊임없이 생각하고, 거절하고, 정말로 뛰어난 제품에 집중해야 혁신적인 제품을 만들 수 있다. 그래서 최고의 제품이 나올 때까지 천 번이라도 거절해야 혁신이 이뤄진다고 한 것이다.

2011년 애플의 매출액은 1,082억 달러에 달한다. 하지만 주요 제품은 10여 종 정도다. 1997년 잡스가 내세운 단순함과 집중의 원칙을 일관되게 따른 결과다. 컴퓨터로는 맥북 에어, 맥북 프로, 아이맥, 맥프로가 전부다. 여기에 아이팟과 아이폰 그리고 아이패드가 추가되었다. 비슷한 규모의 전자 회사들이 수천 종의 제품을 생산하는 것과 비교할 때 애플의 집중도가 얼마나 높은지 짐작할 수 있다.

혁신의 시대에 많은 기업들은 현재의 사업만으로는 살아남기 어렵다는 불안감을 갖고 있다. 그렇기 때문에 새로운 성장 동력을 찾아내는 것은 기업의 주된 관심사다. 삼성의 이건희 회장 역시 "지금 삼성을 대표하는 사업과 제품이 10년 안에 대부분 사라지고, 그 자리에 새로운 사업과 제품이 자리 잡아야 한다."고 말했다. 기업이 진출할 수 있는 새로운 시장을 찾는 것은 중요하다. 하지만 지금 생산하는 제품들이 최고인지, 적당한 선에서 만족하고 있는 것은 아닌지를 먼저 확인해야 한다. 기업의 핵심 사업에 고도의 집중력을 발휘하고 천 번이라도 "아니요." 라고 말할 수 있어야 한다. 그래서 잡스는 "한 일만큼이나 우리가 하지 않는 일을 자랑스럽게 여깁니다." 라고 말했다. 잡스는 혁신을 이루어 내기 위해서는 고도의 집중력을 발휘해야 하고, 그러기 위해서는 창의적인 조직 문화가 뒷받침되어야 한다고 보았다.

잡스 사용법

15

조직의 혁신이
제품의 혁신을 뒷받침한다

　스티브 잡스는 1997년에 복귀한 뒤 애플을 창립 때처럼 개발과 제작이 신속하게 이뤄지는 단출한 기업으로 만들기로 결심했다. 만성 적자를 탈피하기 위해 대규모 구조조정을 하면서 다른 한편으로는 조직의 혁신에 심혈을 기울였다. 또한 기업을 건강하게 만들기 위해 프로세스 혁신을 단행했으며 과감하게 생산 라인을 축소하고 불합리한 부분들을 정리했다.
　잡스가 애플의 CEO로 다시 취임했을 때 창고에는 70일분의 재고가 쌓여 있었다. 애플의 수익성이 심각하게 떨어진 상태에서 과도한 재고까지 떠안고 있어서 적자 구조가 해결될 리 없었다. 잡스는 이 일을 팀 쿡Timothy D. Cook에게 맡겼다. 팀 쿡은 애플에 오기 전 IBM에서 12년 동안 제조 및 유통 부분을 맡았고, 컴팩에서도 6개월 만에 유통망을 만들며 뛰어난 경영관리 능력을 발휘했다. 오늘날 잡스의 뒤를 이어 애플의 CEO가 된 팀 쿡은 그 당시 애플 컴퓨터 부품 업체를 정리하고 조립처를 일원화시키며 프로세스를 정리해 수익 구조를 크게 개선했다. 당시 애플은 100여 개가 넘는 공급 업체에서 부품을 구매하고 있었다. 팀 쿡은 컴퓨터의 부품을 아일랜드와 중국 그리고 싱가포르에서 가져오는 것으로 정리했다. 조립은 중국 본토에서 하도록 일원화했다. 부품 업체와 조립 업체는 서로 가까이 위치하도록 해서 부품이 수급되면 바로 조립이 가능하도록 프로세스를 간결하게 만들었다. 프로세스를 정리한 결과 부품 공급 업체의 수를 20개 선으로 줄일 수 있었다. 또 재고 물량도 2년 만에 70일분에서 10일분 이하로 줄였다.

　　잡스는 이런 프로세스 혁신과 조직 혁신으로 애플을 "지구상에서 가장 큰 신생 기업이자 믿기 어려울 만큼 협업적인 회사"로 만들고 싶어 했다. 대부분의 회사는 일정 규모 미만이면 기능별로 조직이 구성된다. 회계 업무를 하는 회계 부서, 마케팅을 담당하는 마케팅 부서와 같이 기능별로 나뉘었다 하여 '기능별 조직'이라고 부른다. 기능별 조직은 직원들이 맡은 업무만을 담당하기 때문에 전문성과 효율성이 높다. 하지만 기업의 규모가 커지고 회사가 취급하는 제품의 종류가 많아지면 이런 기능별 조직은 효율성이 떨어진다.

만약 한 회사가 성장하여 컴퓨터, 텔레비전, 휴대폰 등 여러 가지 제품을 다룬다고 하자. 기능별 조직에서 직원들은 어떤 일에 중점을 두거나 먼저 해야 할지 선택이 어려워지고 전문성도 떨어지게 된다. 따라서 기업이 커지면 동일 제품이나 사업을 중심으로 조직이 분화되기 마련이다. 예를 들어 전자 회사의 경우 휴대폰 사업부, 반도체 사업부, 가전 사업부 등으로 조직 구조가 정비된다. 유사한 제품만을 취급하는 사업체처럼 조직을 구분했다 해서 이런 조직 구조를 사업부제라고 부른다. 사업부제 조직은 다루고 있는 제품군에 집중하고 최대한 효율을 높일 수 있다. 마이크로소프트나 삼성전자 같은 세계적 대기업들은 대부분 사업부제 조직구조를 갖추고 있다.

하지만 스티브 잡스는 독자적인 손익 구조를 갖춘 다수의 사업 부문으로 조직된 기업을 원하지 않았다. 그래서 애플에는 독자적으로 손익을 계산하는 사업부가 없다. 회사 전체적으로 단 하나의 손익 계정만을 운용한다. 사업부제로 구성된 기업은 사업 부문 간의 협력을 통해 시너지 효과를 내는 것이 어렵다고 판단했기 때문이다. 제품 개발 과정이 단절되지 않고 아이디어가 팀과 팀 사이를 자유롭게 오가는 데는 협업적인 조직이 더 어울렸다.

애플보다 더 신속하게 훌륭한 MP3 플레이어를 만들고 새로운 음원 시장을 열 수 있었던 기업은 사실 소니^{Sony}였다. 소니가 경쟁에서 뒤처진 것은 기업 내에서 서로 눈치를 본 결과였다. 소니는 워크맨으로 세계시장을 오랫동안 지배해왔다. 기술력을 갖추고 있었고 디자인도 훌륭했다. 또한 소니뮤직을 인수해 음원 사업도 하고 있었다. 뮤직 플레이어를 개발하고 음원 사업을 연결하는 다운로드 서비스만 갖추면 되는 상황이었다. 하지만 소니는 음원 다운로드 사업을 하면 음악 파일이 쉽게 공유되고 음반 부문의 매출에 심각한 피해를 가져올지도 모른다는 우려 때문에 시도하지 않았다.

마이크로소프트도 비슷하다. 마이크로소프트는 사업부마다 서로 다른 방식으로 프로젝트를 이끌어 나간다. 그래서 사업부 간에 어떤 일이 이뤄지는지 의사소통이 어렵다. 마이크로소프트는 MP3 플레이어인 준을 만드는 팀, 윈도 모바일 팀, 태블릿 PC 팀이 모두 개별적으로 프로젝트를 추진했다. 태블릿 PC를 만들기 위해서는 이 모두가 통합적으로 진행될 수 있는 시스템이 필요했지만 그러지 않았다. 빌 게이츠가 PC의 미래는 태블릿 PC에 있다고 여러 차례 주장했음에도 결국 공은 애플로 넘어갔다.

잡스는 애플의 강점이 디자인, 하드웨어, 소프트웨어, 콘텐츠를 아우르는 제품의 통합성에 있다고 믿었다. 그러자면 각 부서는 자신들의 손익만을 계산하고 있어서는 안 되었다. 모든 부서가 동시에 협력해야 했다. 제품은 단지 엔지니어링, 디자인, 제조, 마케팅, 유통 같은 기능별 조직 단계를 거쳐 탄생하는 것이 아니라 여러 부분이 동시에 협력하는 공정을 통해 만들어져야 했다. 통합하고 협력하는 애플의 조직은 융합적 특성을 지닌 제품과 서비스를 탄생시켰다.

통합적이고 협업적인 조직을 이끌어가기 위해 잡스는 회의를 많이 했다. 월요일에는 경영진 회의, 수요일 오후에는 마케팅 전략 회의, 또 수시로 제품 검토 회의가 열렸다. 잡스는 매일 아침 세 시간 동안 미팅을 하며 사업 전반에 걸쳐 이야기를 나누었다. 회의는 일방적인 프레젠테이션이 아니라 대화를 통해 이뤄졌다. 모든 분야에서 진행되고 있는 일들에 대해 각 부서의 의견과 견해를 바탕으로 토의하고 결론을 내렸다. 잡스는 픽사로부터 협업 문화를 배웠고 이를 바탕으로 애플은 통합적 프로세스와 의사 결정 과정을 거치며 혁신적이고 융합적인 제품을 만드는 특유의 조직으로 발전했다. 이런 조직의 혁신이 제품의 혁신을 뒷받침했다.

잡스 사용법
16

혁신은 시스템이 아니라
자유로운 조직 문화에서 태어난다

2004년 「비즈니스위크」는 시장을 주도하는 혁신 기업의 비밀이 궁금했던 것 같다. 스티브 잡스에게 애플은 어떤 시스템을 통해 혁신을 만들어 내고 있는지 물었다.

"우리의 시스템이란 바로 시스템이 없다는 것입니다. 그렇다고 프로세스가 없다는 의미는 아닙니다. 애플의 업무 프로세스는 엄격한 원칙을 기반으로 치밀하게 짜여 있습니다. 사실 애플의 업무 프로세스는 대단한 경쟁력을 갖추고 있지요. 하지만 전체적으로 볼 때 애플에서 시스템이 차지하는 비중은 그리 크지 않습니다."

잡스는 시스템이 없는 것이 시스템이라고 선문답을 하듯이 대답했다. 조직을 효율적으로 운영하려면 시스템이 없을 수 없다. 다만 시스템을 위한 시스템을 피해야 한다는 지적이다. 경쟁력 있는 조직을 이끌자면 시스템이 필요하지만 자칫 과도한 시스템에 짓눌려 조직과 직원의 창의성을 해치는 결과는 피해야 한다는 뜻이다.

맨 처음 효율적 조직에 관해 고민을 한 사람은 미국 철강회사의 엔지니어이자 공장 관리자였던 프레더릭 테일러Frederick Winslow Taylor였다. 20세기 초 공장을 경영하는 기업가들은 어떻게 하면 노동자들에게 제품을 더 많이 만들게 할 수 있을까를 고민했다. 노동자들의 파업과 태업을 목격한 테일러는 새로운 과학적 관리법을 창안했다. 컨베이어 벨트를 도입하고 생산 시설을 효율적으로 설계해 작업 과정에서 불필요하게 낭비되는 시간을 줄이고 노동자들의 이동 시간을 최소화했다. 또한 과업 달성을 자극하기 위해 성과급 제도를 실시하여 정해진 시간 안에 더 많은 제품을 만들면 성과급도 지급했다. 계획 부문과 현장 감독 부문을 전문화시킨 기능별 조직을 축으로 하는 관리 시스템을 도입하기도 했다. 훗날 그는 자신의 경험과 연구 결과를 『과학적 관리법』이란 책으로 펴냈다. 이 책은 오늘날 경영학의 고전이 되었다. 여기에서 테일러가 생산의 효율을 높이기 위해 제시한 조직 관리법은 오늘날 '테일러주의'라고 불리며 많은 기업들이 생산 현장에 도입했다.

하지만 테일러주의는 인간의 창의성을 앗아가는 결과를 낳았다. 장인들이 생산을 담당하던 과거와 달리 노동자들이 끊임없이 단순 작업을 수행하며 기계의 부품이 되어 버렸다. 산업화 시대 대부분의 기업은 조직을 효율적으로 통제할 수 있는 시스템을 구축했고 이를 통해 성장했다. 하지만 온갖 정보와 창의적인 지식이 융합되어 기술과 산업을 이끄는 21세기 지식정보화 사회에서는 이런 방식으로 지속 가능한 혁신 기업을 만들어 낼 수는 없다. 그래서 잡스가 "시스템이 없는 것이 우리의 시스템"이라고 말한 것이다.

혁신을 방해하는 가장 큰 장애물은 창의적인 아이디어를 꽃피울 수 없도록 만드는 폐쇄적인 조직 문화다. 통제하고 규율하기보다는 무엇이든 공유하는 개방된 조직 문화를 만들어야 회사 내에 아이디어가 빠르게 흐르고 결국 혁신으로 이어질 수 있다.

대표적인 혁신 기업 중 하나로 평가 받는 구글^{Google} 역시 수평적이고 혁신적인 기업 문화를 자랑한다. 미국 캘리포니아 주 마운틴뷰에 있는 구글 본사는 놀이터나 카페 같은 인테리어로 유명하다. 직원들은 소파가 있는 라운지에서 마음대로 엎드려 컴퓨터를 하거나, 야외에서 수영을 즐긴다. 자유롭게 애완견을 데리고 사무실에서 일하는 사람도 있다. 직무 구조도 지루한 단순 반복 작업이 아니라, 도전적이고 흥미진진한 일을 자율적이고 창의적으로 수행할 수 있도록 설계되어 있다. 일과 놀이가 하나 되는 문화를 만들어 혁신을 유도하고 있는 것이다. 이런 특유의 기업 문화 덕분에 구글은 매년 미국인들이 일하고 싶은 직장 1위로 손꼽히곤 한다.

잡스는 애플을 떠난 뒤 매킨토시 팀에서 시도했던 창의적 조직 문화를 좀 더 구체적으로 만들어 보려고 노력했다. 그가 설립한 넥스트는 비록 기업으로는 실패했지만 혁신에 적합한 조직 문화를 실험했다는 점에서는 성공적이었다. 잡스는 조직의 계층구조를 수평적으로 만들었고 복리 후생을 확대했다. 건물 내부를 벽으로 나누지 않고 개방해 업무가 공유되는 물리적 공간을 만들기도 했다. 이렇게 넥스트에는 이상적인 조직 문화가 자리 잡았다.

　이런 조직 문화는 잡스가 애플로 복귀한 후 그대로 이어졌다. 잡스는 체계적인 시스템이 효율적으로 업무를 추진하도록 돕기는 하지만 그 이상의 혁신은 이뤄 낼 수 없다고 생각했다. 오히려 혁신이란 복도를 걸어가면서 대화를 나눌 때, 갑자기 좋은 아이디어가 떠올라 늦은 밤에 서로 전화 통화를 할 때, 어려운 문제를 놓고 오랫동안 고민하다가, 동료들과 함께 토론을 벌이다가 불현듯 떠오르는 경우가 훨씬 많다고 여겼다. 그래서 애플에서는 대화를 존중하는 문화를 북돋운다. 규제와 통제로 움직이기보다는 개방적이고 수평적인 사고를 장려한다. 구성원들이 서로 묻고 답하며 새로운 아이디어를 이끌어 내는 커뮤니케이션이 자연스러운 일상이다.

　애플에 복귀한 후 잡스가 맨 처음 한 일도 제품을 진행하는 팀원들과 만나 대화를 나누는 것이었다. 이 과정에서 잡스는 프레젠테이션 프로그램을 사용하는 업무 보고를 금지하고 대화에 집중했다. 슬라이드 프레젠테이션은 보기에는 그럴듯할지 몰라도 창의적 혁신을 이뤄내는 데는 방해가 될 뿐이었다. 그 시간에 차라리 제품을 개발하는 사람들끼리 모여 끈질기게 토론하고 결론을 이끌어 내는 방식이 더 생산적이라고 믿었다.

    혁신은 결과만을 지향해서는 이뤄지지 않는다. 진정한 혁신을 하기 위해서는 먼저 혁신에 이르는 과정부터 바꾸어야 한다. 그러기 위해서는 개방적이고 수평적인 조직 문화를 만들어야 한다. 때로 이질적이고 반항적 인재들이 조직 안에서 만날 수 있는 기회도 제공해야 한다. 그래서 잡스는 수평적인 조직 문화를 만든 다음 혁신을 위해 애플의 직원들에게 해군이 아닌 해적이 되라고 했다.

잡스 사용법
17

혁신은 창의적 집단의 산물이다

매킨토시를 개발하던 시절 스티브 잡스는 종종 워크숍을 열었다. 팀원들을 한자리에 모아 조직 전체에 소속감을 불어넣고 비전을 다시 일깨우는 자리였다. 1983년 1월에 열린 워크숍에서 팀원들은 "해군이 아니라 해적이 되라."라는 문구가 새겨진 티셔츠를 받았다. 또 하나의 슬로건이 탄생한 것이다. 애플은 신제품 개발, 목표 달성, 매출 신장 등 기념할 만한 일이 있을 때마다 크고 작은 의식을 행하는 전통이 있었다. 이때 티셔츠나 스웨터를 나눠 주곤 했다.

애플의 수석부사장이었던 제이 엘리엇Jay Elliot은 해군은 IBM을, 해적은 매킨토시 팀을 상징한다고 해석했다. 1981년에 IBM PC가 이미 출시되었고 거대 기업 IBM이 퍼스널 컴퓨터 시장을 잠식하고 있었으니 틀린 해석은 아니다. 하지만 잡스는 해적이 되라는 발언을 통해 좀 더 근원적인 요구를 하고 있다. 그는 매킨토시 팀이 자유롭고 혁명적이며 창의적이길 원했다. 지속적인 혁신을 하기 위해서 조직이 규율과 통제에 묶인 해군이 아닌, 제멋대로지만 의외의 성과를 가져올 수 있는 해적이 되길 바랐다.

매킨토시 팀원들도 해적 정신을 마음에 들어 했던 것 같다. 매킨토시 팀의 프로그래머였던 스티브 캡스는 아예 해적 깃발을 만들어 해적 정신을 공개적으로 선언했다. 그는 깃발에 해골과 교차된 대퇴골을 그리고, 해골의 한쪽 눈에 붙인 안대에는 애플 로고까지 집어넣었다. 매킨토시 팀은 특별하고 창의적인 집단임을 상징하는 해적 깃발이 자랑스럽게 회사 옥상에서 펄럭였다. 그런데 어느 날 밤 리사 팀이 기습하여 매킨토시 팀의 해적 깃발을 훔쳐갔고 몸값을 요구하는 사건이 벌어졌다. 매킨토시 팀은 리사 팀과 몸싸움을 벌인 끝에 깃발을 다시 찾아오는 해프닝을 벌였다. 애플의 이사들은 매킨토시 팀의 해적 정신이 도를 넘었다고 우려했지만 잡스는 직원들의 이런 모습을 은근히 즐겼다. 해적 깃발 사건은 매킨토시 팀이 창의적 게릴라 집단이며 팀원들이 누구보다 그걸 즐기고 있다는 사실을 보여 주는 일이었다. 결국 맥 프로젝트가 끝날 때까지 해적 깃발은 회사 옥상에서 자랑스럽게 펄럭였다.

스티브 잡스는 매킨토시 팀에 소수의 재능 있는 인재들이 모여 자유롭게 집중하며 일하는 분위기를 조성했다. 위계질서와 명령에 복종하는 조직보다는 창의적이고 자유분방한 조직이 혁신에는 제격이었다. 위대한 제품을 만들자면 혁신적인 조직이 필요했고 매킨토시 팀은 해군이 아니라 해적이어야 마땅했다. 심지어 잡스는 매킨토시 팀의 인원을 100명으로 제한하기까지 했다. 필요에 따라 전문가를 영입할 일이 생기면 대신 누군가 다른 직원을 내보내야 한다고까지 생각했다. 잡스가 인원을 제한하며 표면적으로 내세운 이유는 "100명 이상의 이름은 외우기 힘들어서"였다. 실제로는 조직이 커지면 일의 흐름이 더뎌지고 의사소통에 문제가 생길 수 있을지도 모른다는 우려 때문이었을 것이다. 조직이 커지면 의사 결정 과정도 복잡해지고 업무도 중복되며 목표를 공유하는데도 어려움이 생기는 건 어디에나 있는 일이다.

해적이 되라는 잡스의 주문은 창의적 혁신을 주도하는 조직이 되라는 말과 동의어다. 창의성은 개인의 행동으로 이뤄지는 경우가 많지만 혁신은 대부분 창의적 집단의 산물이다. 연구자들은 개인이 연구를 하는 경우보다 창의적 집단이 더 위대한 결과를 가져오는 경우가 많다고 평가한다. 20세기 초 코닥을 설립한 이스트먼은 롤필름을 발명했고 에디슨은 전구와 활동 사진기를 발명했다. 하지만 이들의 신기술은 개인의 업적이 아니라 여러 엔지니어와 발명가들이 함께 만들어 낸 결과였다.

창조성은 질서가 아니라 혼란에서 나온다. 서로 다른 경험과 권위적이고 관료적인 조직은 혁신과 창의성의 적이다.

1984년 1월 출시된 매킨토시를 선보이는 잡스. ⓒAP/Paul Sakuma

지식을 지닌 개인이 서로 충돌하는 혼란이야말로 세상을 뒤바꾸는 아이디어가 튀어나올 수 있는 원천이다. 잡스는 인재를 채용할 때도 연령과 문화에 대한 선입관 없이 다양한 사람들을 뽑으려고 노력했다. 다양한 경험과 생각을 갖고 있는 인재들이 모여야 창조성을 낳을 수 있다고 보았기 때문이다.

권위적이고 관료적인 조직은 창의성의 적이다. 1970년대 후반부터 1980년대 초까지 뛰어난 과학자들과 엔지니어들이 여러 가지 창의적 신기술을 개발했던 제록스의 팔로알토 연구소 Palo Alto Research Center가 좋은 예다. 관료화된 제록스의 경영진은 팔로알토 연구소가 개발한 혁신적 아이디어를 받아들이지 않았다. 또 이런 조직일수록 위계질서를 중요하게 여겨 회사의 정보가 독점되기 마련이다. 정보의 독점은 직원들 간의 커뮤니케이션을 단절시킨다. 창의성은 정보가 전달되고 직원들의 생각이 교차되고 아이디어가 언제나 환영받는 조직에서 발휘될 수 있다.

창의적 집단을 만들고 싶다면 협력과 피드백이 활발히 이뤄지는 탄력적인 문화를 만들어야 한다. 다양한 시각을 가진 사람들 사이에서 생기는 대립과 호기심을 수용하고 협력을 이끌어 내야 한다. 조직 안에서 서로가 하는 일을 공유하고 피드백이 이뤄져야 한다. 칸막이 구조 대신 공동 작업 공간을 만들어 서로 하는 일에 대해 탄력적인 대화가 오갈 수 있도록 배려해야 한다.

잡스는 애플이 자유롭고 반항 정신으로 가득 찬 혁신적인 기업이 되길 원했다. 잡스는 애플이 성장하고 조직이 커지면서 평범한 회사로 전락하는 걸 언제나 우려하고 두려워했다. 매킨토시를 만들며 강조했던 해적 정신은 사라지지 않고 언제나 애플에 혁신의 정신을 불어넣었다. 애플의 혁신적 창의성은 그저 시키는 일을 묵묵히 수행하는 해군이 아니라 게릴라 정신으로 충만한 해적들로부터 나왔다.

잡스 사용법
18

혁신은 창조적 모방에서 시작된다

스티브 잡스는 하늘 아래 새로운 걸 만든 적이 없다. 컴퓨터, MP3 플레이어, 휴대폰, 태블릿 PC 등은 모두 이미 존재했던 제품들이다. 하지만 그는 창의적 아이디어와 상상력을 더해 애플Ⅱ, 매킨토시, 아이팟, 아이폰, 아이패드 같은 새로운 제품을 선보여 세상을 바꾸었다. 모방을 했지만 그대로 베끼지 않고 창조적으로 모방한 것이다.

일찍이 고대 그리스의 철학자 아리스토텔레스는 '모방은 창조의 어머니'라고 했다. 아리스토텔레스는 인간 문명의 기원이란 결국 자연을 흉내 낸 것에 불과하다며 이를 '미메시스^{Mimesis}'라고 명명했다. 모방은 인류 문명의 본질이다. 피카소도 "훌륭한 예술가는 모방하고 위대한 예술가는 훔친다."라고 모방과 창조적 모방을 강조하는 말을 했다. 10대 시절 피카소는 마드리드에 있는 프라도 미술관을 즐겨 찾곤 했다. 거기서 그는 벨라스케스, 스르바란, 엘 그레코, 고야 등의 작품에서 깊은 감명을 받았고 미술 기법을 터득하기 위해 대가의 그림들을 따라 그렸다. 시간이 흐른 후 피카소는 모방했던 그림들을 자기 식으로 재창조했다. 입체파의 서막을 연 작품 〈아비뇽의 처녀들〉은 세잔의 〈목욕하는 여인들〉의 구도를 그대로 차용한 작품이다. 또 벨라스케스의 〈시녀들〉이 보여 준 뛰어난 공간 분할을 습득하고자 수도 없이 그림을 모방했다. 훗날 피카소는 명암과 인물을 입체적으로 표현한 '시녀들' 시리즈를 통해 벨라스케스를 재해석했다. 20세기 거장이라 불리는 피카소 역시 창조적 모방의 대가였다.

스티브 잡스는 1996년 6월 PBS에서 방송된 다큐멘터리 〈괴짜들의 승리〉에서 피카소의 말을 인용한 다음 "애플은 위대한 아이디어를 훔치는 것에는 수치심을 느끼지 않는다."라고 말했다. 아이디어를 훔치는 것에 대해 스스로 당위성을 부여해야 할 만큼 잡스는 남이 만들어 놓은 새로운 기술을 많이 모방했다. 하지만 신기술을 애플 제품에 접목해 창조적 모방으로 발전시켰다.

1984년 출시한 매킨토시는 리사에 이어 그래픽 사용자 인터페이스 기술을 선보인 컴퓨터로 알려져 있다. 그전까지만 해도 컴퓨터는 텍스트 기반의 명령어로만 실행할 수 있었다. 반면 매킨토시는 스크린상에서 아이콘을 마우스로 클릭해 컴퓨터의 모든 기능을 제어할 수 있었다. 많은 사람들이 이 인터페이스를 애플이 최초로 만든 줄 알고 있지만 실은 이 신기술은 팔로알토 연구소가 처음으로 개발했다. 다만 상용화하지 않았을 뿐이다. 잡스는 1979년 처음으로 팔로알토 연구소를 방문했다. 거기서 잡스는 마우스로 아이콘을 클릭해 컴퓨터를 사용하는 것을 처음 보았다. 그 순간 잡스는 바로 이것이 누구나 사용하기 쉬운 컴퓨터를 만들겠다는 자신의 비전을 실현할 수 있는 기술임을 직감했다. 그래서 훔쳤다. 이렇게 해서 그래픽 사용자 인터페이스를 갖춘 퍼스널 컴퓨터 맥이 탄생했다.

사실 매킨토시 프로젝트 자체도 잡스가 시작한 게 아니었다. 제프 래스킨Jef Raskin의 프로젝트를 잡스가 뺏다시피 한 것이었다. 하지만 제프가 만들고 싶어 했던 맥과 잡스의 맥은 개념이 달랐다. 맥의 핵심 개발자였던 앤디 허츠펠드Andy Hertzfeld의 증언에 따르면 제프는 마우스를 싫어했다고 한다. 아마 제프 래스킨이 맥을 완성했다면 오늘날 우리가 아는 모양의 맥은 탄생하지 않았을 것이다.

잡스는 뭔가를 훔치되 자신의 창조성을 더해 새로운 제품으로 만들어 내는 능력이 탁월했다. 잡스가 주목받지 못한 신기술을 창조적으로 이용한 사례는 차고 넘친다. 2011년 발표한 아이폰 4S에는 '시리Siri'라는 음성인식 기능이 있다. 시리는 사용자에 대해 알고 있는 정보를 이용해 신속하고 영리하게 맥락에 맞는 응답을 한다. 사람들은 대화를 하듯 아이폰으로 시리와 이야기를 나눈다. 시리의 재치 있는 답은 화제가 될 정도다. 시리에게 "인생의 의미는 뭐야?"라고 물으면 "잘 모르겠어요. 근데 그걸 위한 앱은 있는 것 같네요."라고 답하는 식이다.

하지만 지능형 음성인식 기술 역시 애플이 처음 개발하지도 대중화하지도 않았다. 음성인식과 자연어 처리, 인공지능을 결합해야 하는 지능형 음성인식 기술은 오랫동안 연구를 거듭해 온 분야다. 음성인식 기술은 1952년에 벨 연구소가 처음 개발했다. 시작은 숫자를 인식하는 오드레이Audrey 시스템이었다. 이후 기술의 발전이 이어졌고, 구글이 분기점을 마련했다. 2010년 구글은 안드로이드 스마트폰에 개인화된 사용자의 음성을 인식할 수 있는 음성 검색을 추가했다. 잡스는 이미 존재하고 있는 이 기술을 아이폰에 결합했다. 그렇게 해서 2011년 시리가 등장했다. 아이패드의 멀티터치를 선보이듯 아이폰에서 새로운 휴먼인터페이스 중 하나로 시리를 선보인 것이다.

시리는 애플의 다른 혁신적인 제품과 마찬가지로 모방을 통해 새로운 기술 또는 서비스로 거듭난 것이다. 하지만 모방과 창조적 모방의 구분이 애매할 때가 있다. 그래서 애플이 다른 경쟁사의 제품에 대해 특허 소송을 하는 만큼 반대로 특허 소송을 당한다. 애플이 주로 디자인과 인터페이스를 침해했다고 소송을 제기하는 반면 경쟁사들은 자신의 기술 특허를 침해했다고 소송을 제기한다. 시리의 경우도 여러 경쟁사들이 특허를 침해했다고 소송을 제기했다. 특히 핸드폰에 꼭 필요한 무선통신 기술에 대해서 많은 소송을 당한다. 이런 소송에서 애플은 심심치 않게 패소한다. 창조적 모방이 아니라 그대로 베꼈다는 것이다. 이런 경우까지 잡스나 애플이 옳았다고 할 수는 없다. 하지만 그런 경우조차도 원천 기술 자체를 다른 곳에 적용해 원래의 기술보다 더 넓게 사용할 수 있도록 만들었다는 점은 높게 평가해야 한다. 이미 있는 기술들을 섞고 종합해 아이폰과 아이패드를 만든 것이 그 대표적인 예이다. 아이폰과 아이패드 이전에도 스마트폰과 태블릿 PC는 있었지만, 이 제품들의 출시로 관련 산업이 비약적으로 성장했다. 그대로 베끼지 않고 창조적 모방을 하였고, 그 제품들이 이전 제품보다 훨씬 더 혁신적이었기 때문이다.

사람들은 최초를 좋아한다. 하지만 최초만을 고집하면 창조는 어려워진다. 아무도 시도하지 않은 걸 선보이려고 하면 할수록 창조의 벽은 높아만 간다. 모방을 거치지 않은 새것은 없다. 모방은 창조의 필수 과정이다. 모방은 가장 탁월한 창조 전략이다. 물론 단순히 훔치기만 하라는 말이 아니다. 모방할 때 창조가 쉬워진다는 말이다. 이미 성공한 무언가를 비틀고 변화를 주어 창조적 모방을 해야 한다. 최초로 상품화된 MP3 플레이어는 1998년 한국의 새한정보시스템이 만든 엠피맨^{MPman} F10이었다. 하지만 이미 엠피맨은 기억에서 사라진 지 오래이다. 많은 사람들이 MP3 플레이어하면 아이팟을 떠올린다. 창조란 최초가 아니라 최고로 기억되는 독창적이고 혁신적인 제품이다.

잡스 사용법
19

혁신과 창조는
아이디어 믹싱이자 편집이다

모방이 쌓이면 어느 순간 창조라는 질적 변화를 맞는다. 모방은 학습이고 경험이며 배우는 과정이기 때문이다. 창조를 완전히 새로운 것이라고 흔히 생각하지만 대부분의 창조나 혁신적인 창조물은 이미 존재하는 물건이나 아이디어를 섞어서 만든 것이다. 그런 점에서 보면 창조는 아이디어 믹싱이자 편집이다. 잡스는 비슷한 의미로 창조는 연결이라고 생각했다.

1996년 2월 「와이어드」가 "창조성이란 무엇인가?"라는 질문을 던지자 잡스는 이렇게 답했다.

"창조성이란 그저 사물들을 서로 연결하는 것입니다. 만약 창조적인 사람들에게 어떻게 그런 걸 만들어냈냐고 물어보면 그들은 약간 죄의식을 느낄 겁니다. 사실 그들이 진짜 그걸 만들지는 않았으니까요. 단지 뭔가를 발견했을 뿐입니다. 어느 정도 시간이 지난 후 그것들은 분명하게 보입니다. 그들은 자신의 경험들을 새로운 것과 조합할 수 있기 때문입니다."

잡스는 창조란 발명이 아니라 겉으로 보기에는 서로 아무런 관계도 없어 보이는 사물을 연관 짓는 능력이라고 분명히 말한다. 오늘날 애플이 이뤄 낸 창의적 혁신은 서로 다른 분야의 주제와 아이디어를 조합하는 능력에서 시작되었다.

창조의 기본 공식은 전혀 상관없어 보이는 것을 섞는 것이다. 이종교배를 통해 더욱 새롭고 실험적인 창조성을 발휘하는 대표적인 사람들이 예술가다. 잡스가 피카소나 비틀스, 밥 딜런의 삶을 빗대어 말하기를 좋아했던 것도 그들의 창조성을 배우고 싶어 했기 때문이다. 르네 마그리트는 창조의 기본을 가장 잘 보여 주는 예술가다. 르네 마그리트는 친숙한 대상을 사실적으로 그리지만 전혀 엉뚱하게 배치하거나, 모순되거나 대립적인 요소를 같이 그려 넣어 신비감과 상상력을 불러일으킨다. 우리가 늘 만나는 풍경들도 르네 마그리트의 그림 속에서는 낯설게 보인다. 뭔가 이질적인 요소가 그림 속에 있기 때문이다. 이처럼 특정 대상을 일상의 맥락에서 떼어내 이질적인 상황에 배치하여 기이하고 낯선 장면을 연출하는 기법을

르네 마그리트의 〈골콩드〉.

창조는
다른 세계와 만나는 경계에서
꽃이 핀다.

초현실주의에서는 '데페이즈망depaysement'이라고 부른다. 중절모와 레인코트 차림의 신사들이 빗줄기처럼 하늘에서 무수히 떨어지는 장면을 그린 〈골콩드Golconde〉 혹은 〈겨울비〉라는 제목의 그림은 데페이즈망을 사용한 대표적인 작품이다.

창조적인 예술가로 기억되는 인물들은 모두 기존의 문법에 낯설고 새로운 것을 추가해 새로운 예술 세계를 구축했다. 에드바르트 뭉크는 〈절규〉라는 그림 속에 자신이 느낀 공포와 불안 같은 감정을 넣어 새로움을 표현했다. 잭슨 폴록은 회화에 우연성을 도입해 액션페인팅을 시작했다. 백남준은 현대미술에 텔레비전과 비디오를 가져와 비디오아트를 선보였다.

창조를 아이디어 믹싱이자 융합 현상으로 이해하면 비슷한 사례는 얼마든지 발견할 수 있다. 디지털 시대를 맞아 각광 받는 컨버전스convergence 현상도 마찬가지다. 디지털 컨버전스는 하나의 플랫폼 위에 다양한 기능들 즉 문자, 음성, 영상, 그래픽이 모두 융합되는 현상이다. 와이브로 같은 유무선의 결합, 통신과 방송을 연결한 DMB 서비스도 모두 디지털 컨버전스로 여러 기능을 복합적으로 쓸 수 있게 만든 제품이다.

헨리 포드Henry Ford의 성공도 아이디어 믹싱에서 시작되었다. 그는 일명 '포드 시스템'이라 불리는 대량생산 시스템을 도입해 자동차 가격을 획기적으로 낮추어 성공했다. 모든 공정을 분업화하는 포드 시스템의 아이디어는 뜻밖에도 정육점에서 비롯되었다. 컨베이어 벨트를 따라 고기를 부위별로 자르는 모습을 보고 같은 원리를 자동차 산업에 연결한 것이다. 전혀 상관없어 보이는 다른 분야의 것을 섞어 프로세스에 혁신을 가져온 예다.

잡스는 최고의 경지에 오른 사람들은 한 가지만을 생각하지 않는다는 사실을 눈여겨봤다. 레오나르도 다빈치는 위대한 예술가이자 과학자였고, 미켈란젤로 역시 예술가지만 채석장에서 돌을 자르기 위한 방대한 지식을 섭렵하고 있었다.

잡스는 애플II를 만들 때부터 다른 분야에 이미 존재하는 아이디어를 가져와 새롭게 접목하는 창조의 길을 걸었다. 그는 일반 소비자가 쓸 애플II가 가전제품처럼 친근하길 바랐다. 실마리를 찾은 곳은 메이시스 백화점의 주방용품 코너였다. 그는 퀴진아트 믹서기를 보고 애플II 디자인의 아이디어를 얻었다. 둥근 모서리와 우아한 컬러 그리고 플라스틱 케이스 등 퀴진아트 믹서기의 외관을 그대로 애플II에 도입했다. 컴퓨터와 주방용품이라는 전혀 연관 없는 두 분야를 결합시키자 친근하고 사용하기 편리하고 우아한 디자인을 지닌 컴퓨터가 탄생했다.

화려한 컬러로 큰 인기를 끈 아이맥을 만들 때는 사탕 공장에서 아이디어를 얻었다. 젤리에 색을 입히는 과정을 꼼꼼히 살펴 아이맥 케이스에 색을 입히는 과정에 접목했다. 애플 스토어를 만들기로 작정했을 때도 잡스는 직영점을 운영하는 의류 업체인 갭의 아이디어를 가져왔다. 아이폰 역시 서로 다른 요소들을 하나로 연결한 대표적인 제품이다. 와이드 스크린을 갖추고 터치를 통해 조작이 가능한 아이팟과 휴대전화, 인터넷 커뮤니케이터를 연결시킨 제품이 바로 아이폰이다.

잡스는 새로운 걸 창조해야 한다는 압박에서 벗어나 기존의 기술을 남들이 생각하지 못한 방식으로 섞고 융합했다. 이것이 잡스가 이뤄 낸 창조적 혁신의 비결이다.

창조는 다른 세계와 만나는 경계에서 꽃이 핀다. 때문에 새로움을 추구하는 예술가들은 새롭고 독특한 융합을 시도하기 위해 끊임없이 다른 세계와 만난다. 예술가가 아니라도 창조적 혁신을 하고 싶다면 다른 세계와 접하고 낯선 환경에 노출되어야 한다. 그러려면 먼저 이질적인 것들을 만나야 한다.

잡스 사용법
20

혁신과 창조는
이질적이고 새로운 경험에서 나온다

스티브 잡스의 혁신과 창의성은 조합 능력에서 나온다. 그는 기존 방식에 안주하지 않고 새로운 결합 방식을 시도했다. 익숙하지 않은 것들끼리 조합을 하려면 좀 다르게 세상을 바라봐야 한다. 이질적인 것을 접하고 경험해야 한다. 그래서 잡스는 한 잡지와의 인터뷰에서 "창조적인 사람들이 창의성을 발휘할 수 있었던 이유는 그들이 남들보다 더 많은 경험을 축적해왔거나 자신들의 경험에 대해 다른 사람들보다 더 많이 생각했기 때문입니다."라고 말했다.

1990년대 마이크로소프트와 델 컴퓨터가 성장했지만 정작 상품다운 상품을 찾아보기가 어려웠다. 잡스는 생산 효율화와 인터넷 판매로 성장한 델 컴퓨터를 두고 "혁신을 찾아볼 수 없는 베이지색 상자들"을 만든다고 혹평했다. 마이크로소프트 역시 매킨토시의 그래픽 사용자 인터페이스를 따라한 윈도를 조금씩 개선했을 뿐 새로움을 보여 주지는 못했다고 비판했다.

　잡스는 혁신적 제품이 나오지 않는 이유를 IT 업계에 종사하는 사람들이 다양한 경험을 축적하지 못했기 때문이라고 보았다. 과거와 현재를 연결시킬 만한 경험을 충분히 하지 못했기에 폭넓은 시각으로 문제를 바라보지 못하고 미봉책만 내놓는다고 비판했다. 한 번도 겪어보지 못한 낯선 환경에 도전하고, 다양한 분야의 사람을 만나면 인간은 긴장한다. 호기심이 생긴다. 신선한 자극을 받는다. 경험의 폭이 넓어질수록 사고의 폭도 넓어진다. 늘 만나는 사람들, 늘 하던 일에 매몰되어 사는 사람에게는 모든 것은 익숙할 뿐 아무런 자극이 되지 못한다. 그저 관성적으로 세상을 대할 뿐 호기심이나 열정이 좀처럼 생기지 않는다.

　팔로알토 연구소에서 그래픽 사용자 인터페이스 기술을 본 사람은 스티브 잡스만이 아니었다. 많은 사람들이 이 신기술을 접했다. 하지만 제록스 경영진조차 신기술을 이용해 컴퓨터를 만들자는 의견을 묵살했다. 잡스는 가장 먼저 그래픽 사용자 인터페이스의 가치를 알아보았고 바로 매킨토시에 구현했다. 잡스를 두고 탁월한 직관의 소유자라고 하는 것은 이 때문이다.

익숙한 사람들만 만나면 늘 익숙한 생각만 한다. 익숙한 환경에서는 창의성이 좀처럼 자라지 않는다. 그러니 다르게 생각하려면 다르게 인식해야 한다. 잡스가 더 많은 경험을 축적해야 한다고 한 것은 새롭고 신선한 자극이 있어야 다르게 생각할 수 있음을 설명한 말이다.

스티브 잡스는 마이크로소프트에 대해 여러 차례 비난을 쏟아부었는데 그들의 제품에 창의성이 없다는 지적을 가장 많이 했다. 마이크로소프트는 독창성도 없고 제품에 독특한 문화도 접목시키지 못했다며 힐책했다. 잡스는 그 이유를 '식견의 부족' 때문이라고 평했다. 빌 게이츠를 두고 "젊었을 때 환각제도 좀 복용하고 아시람(힌두교 공동체)에도 드나들어 봤다면 좀 더 통이 큰 사내가 되었을 텐데."라고 충고하듯 던진 말도 같은 맥락에서 이해할 수 있다. 잡스가 보기에 빌 게이츠는 다양하고 낯선 경험 없이 중산층 가정에서 모범생으로 자라난 인물이다. 그래서 빌 게이츠가 만든 마이크로소프트의 제품은 그를 닮아 지루한 모방품에 불과하다는 게 잡스의 생각이다.

반면 스티브 잡스의 젊은 시절은 모범생과는 거리가 멀었다. 잡스는 태어나고 자란 캘리포니아와는 전혀 다른 인도에 갔었고 사과 농장에서 명상도 했다. 또 히치하이킹을 하며 태평양 연안을 여행했고 힌두교 사원에서 열린 종교 행사에도 참여했다. 공짜로 음식을 먹기 위해 선 센터를 찾아다니기도 했다. 도서관에서 선불교에 대한 책을 탐독했고 채식주의에도 깊이 빠졌다. 리드 대학에 다니던 히피 젊은이들과 어울리며 음악, 미술, 역사에 대해 토론했다. 자신과 다른 면모를 지닌 사람들과 어울렸고 다양한 사고방식을 접했다. 이런 다채로운 경험은 훗날 잡스가 의식하지 못하는 순간 창의적인 사고로 이어졌다.

세계적인 경영 대가 톰 피터스Tom Peters는 어떻게 하면 혁신을 이룰 수 있을까 하는 질문을 받고 "괴짜와 점심식사를 하라."라고 충고한 바 있다. 항상 같은 사람들과 식사를 한다면 항상 같은 소리만 듣게 된다. 창의적으로 사고하고 싶다면 주위를 괴짜 직원, 괴짜 고객, 괴짜 공급 업체와 괴짜 경쟁 업체로 둘러싸이도록 해야 한다. "괴짜들과 어울려라. 그러면 당신은 놀라운 에너지를 얻게 될 것이다."라는 톰 피터스의 말은 더 많은 경험을 하라는 잡스의 말과 일맥상통한다. 잡스는 인생의 많은 시기를 비순응자, 반대자, 반항아, 히피들과 어울렸다. 그것은 본질적으로 새롭고 놀라운 경험의 연속이었다.

당장은 쓸모없어 보이는 수많은 경험은 훗날 점처럼 이어져 창조를 낳았다. 1985년 이사회가 잡스를 직위해제 했을 때 그는 잠시 유럽을 여행한 적이 있다. 이탈리아에서 토스카나 언덕을 둘러보았고 자전거를 타며 혼자 시간을 보냈다. 피렌체에서는 여러 건축물을 구경하며 재료가 가져다주는 느낌에 눈떴다. 그때 잡스는 이탈리아에서 보고 느낀 것들이 미래에 어떤 결과를 가져오리라고는 생각지 않았다. 하지만 그로부터 20년 후 잡스는 이탈리아에서 보았던, 색감이 풍부하면서도 사람의 마음을 따뜻하게 만들어 주었던 돌을 떠올렸다. 그리하여 피렌체의 피렌주올라 지방에서 나는 푸른빛을 띤 회색 돌은 애플 스토어의 주요 매장 바닥에 깔리게 되었다.

의외의 순간에 현재와 과거의 이질적인 두 경험이 만나 새로운 것을 창조한다. 발상의 전환을 낳는 남다른 시각은 창의성의 핵심이며 이는 낯설고 새로운 것을 보고 듣고 생각하며 쌓은 직관으로부터 생겨난다. 혁신과 창조는 낯선 경험의 산물이다.

잡스 사용법

21

제품 혁신만큼
비즈니스 모델 혁신이 중요하다

2001년 1월 맥월드에서 스티브 잡스는 아이튠즈를 공개했다. 그 무렵 CD의 음악을 컴퓨터로 추출하거나 파일 공유 서비스를 이용해 음악 파일을 다운로드하고 CD로 굽는 것이 대유행이었다. 1999년 6월 등장한 냅스터가 대표적으로, 누구나 음악 파일을 무료로 다운로드할 수 있는 서비스를 제공했다. 잡스는 윈도 미디어 플레이어나 리얼 주크박스 등 경쟁사에서 제공하는 음악 프로그램과 차별화될 수 있는 음악 서비스 소프트웨어를 개발하기로 결심했다.

사운드 잼이라는 기존의 음악프로그램을 사들여 애플 제품으로 탈바꿈시켰다. 바로 아이튠즈였다.

잡스는 그해 10월 신제품 발표회를 열어 MP3 플레이어인 아이팟을 소개했다. 스티브 잡스는 "마침 제 주머니에 그 제품이 들어 있습니다. 이 놀랍고 자그마한 기기에 1,000곡의 노래가 담겨 있습니다. 제 주머니에 쏙 들어가는군요."라며 아이팟을 소개했다. 아이팟의 슬로건은 그래서 '주머니 속의 1,000가지 음악'이다. 잡스는 "만약 누군가가 애플이 이 지구상에 존재하는 이유를 묻는다면 나는 아이팟을 들어 보이겠습니다."라고 말할 정도로 아이팟을 자랑스러워했다

아이튠즈와 아이팟은 음원 시장과 MP3 시장의 비즈니스 모델을 혁신시켰다. 잡스는 아이팟을 출시한 다음 곧이어 온라인 음악 판매 서비스인 아이튠즈 뮤직 스토어를 열었다. 그곳에서 아이팟과 연동되는 음악 파일들을 한 곡당 99센트에 판매했다. 이 서비스로 애플은 정식으로 음반사와의 계약을 통해 합법적인 디지털 음악을 공급하는 시장의 1인자가 되었다. 2006년 9월에는 15억 곡 다운로드를, 2010년 2월에는 100억 곡 다운로드라는 기록을 세웠다. 아이튠즈와 아이팟, 아이튠즈 뮤직 스토어를 연결한 비즈니스 모델의 혁신은 애플에게 커다란 성공을 가져다주었다. 성공은 엄청난 주가 상승으로 나타났다. 아이팟이 본격적으로 판매되기 시작했던 2003년 초부터 2006년 1월까지 애플의 주가는 10배 이상 치솟았다. 6달러 남짓하던 주식이 80달러 넘게 오른 것이다.

혁신에서 제일 중요한 것은 기술 혁신을 기반으로 하는 제품 혁신이다. 기업 간 기술 격차가 컸던 과거에는 기술 혁신이 곧 제품 혁신과 프로세스 혁신으로 연결되어 그 자체가 성공을 보장해 주었다. 게다가 제품을 만들기만 하면 팔리던 공급자 시장이었기 때문에 기술의 차이는 곧 시장 지배력의 차이로 이어졌다. 하지만 기업 간 기술 격차가 줄어들고, 소비자가 우위에 있는 시장으로 변화하면서 기술 혁신만으로는 과거의 성공을 보장할 수 없게 되었다. 제품의 혁신은 여전히 중요하지만 세계적인 기업으로 성장하기 위해서는 경쟁사보다 빠른 신제품 출시나 좀 더 싼 제품만으로는 부족하다. 사업 방식의 근본을 바꾸고 고객이 열광할 수 있는 제품을 출시할 수 있는 비즈니스 모델의 근본적인 혁신이 필요하다.

　아이튠즈를 발표할 때까지만 해도 20여 년 동안 컴퓨터만 만들던 애플이 MP3 플레이어를 선보일 거라고는 아무도 예상하지 못했다. 하지만 잡스는 매킨토시의 아이튠즈 소프트웨어와 연동할 수 있다면 더 많은 노래를 더 간단한 방법으로 들을 수 있는 MP3 플레이어를 충분히 만들 수 있다고 보았다. 잡스와 애플은 빠른 시간에 기술적인 문제를 해결하기로 했다. 1,000곡을 넣을 수 있는 방대한 메모리 문제는 도시바가 개발한 1.8인치 드라이브를 손에 넣으며 해결했다. 포털플레이라는 작은 MP3 플레이어 제조업체를 파트너로 삼아 하드웨어 제조를 맡겼다. 초기 아이팟의 가장 큰 차별점이었던 트랙휠은 마케팅 책임자인 필 실러의 아이디어였다. 필 실러가 버튼을 누르는 것보다 사용자들이 쉽게 재생 목록을 살필 수 있는 방법으로 휠 방식을 제안했다. 재생 목록이 수백 곡이 넘을지라도 휠을 엄지손가락으로 돌리며 쉽게 살필 수 있었다. 이어폰과 아이팟을 순백색으로 통일한 미니멀한 디자인은 조너선 아이브의 작품이었다.

늘 그렇듯 애플은 MP3 플레이어를 발명하기보다는 중소기업들이 선보인 제품을 좀 더 혁신적으로 개선하는 방법을 택했다. 상품화되지는 않았지만 최초의 MP3 플레이어는 1996년 공개된 '리슨 업 플레이어Listen up player'였다. 최초로 상품화된 MP3 플레이어는 1998년 3월 독일 하노버에서 열린 세계 최대 정보통신박람회 세빗CeBIT에서 한국의 새한정보시스템이 선보인 엠피맨이었다. 엠피맨은 당시 멀티미디어 하드웨어 부문 우수상품으로 뽑힐 만큼 혁신적인 제품으로 인정받았다. 수십 년간 시장을 지배해온 소니의 워크맨보다 작고 가벼우며 음악이나 기타 음성 파일을 인터넷에서 다운받을 수 있는 제품이었다. 한국 기업들은 2000년대 초반까지 MP3 플레이어 시장에서 독보적인 위치를 선점했다. CD와 DVD 플레이어 제조업체로 시작한 아이리버는 2002년 9월 최초의 플래시 타입 MP3 플레이어 iFP-100을 내놓았다. 이노디자인의 김영세가 디자인을 맡은 iFP-100 시리즈는 히트를 치며 아이리버는 청소년들에게 갖고 싶은 최고의 MP3 플레이어로 자리 잡았다. 아이리버는 국내뿐 아니라 세계 진출도 공격적으로 진행했다. 2004년 매출액은 무려 4,540억 원으로 세계시장의 11퍼센트를 차지할 정도로 성공 가도를 달렸다. 하지만 2005년 애플이 국내시장에 진출하자 70퍼센트까지

치솟았던 국내 시장 점유율이 40퍼센트 대로 떨어졌다. 해외시장에서도 아이팟에 밀려 고전을 면치 못하게 되면서 아이리버의 짧은 전성기는 막을 내렸다.

아이리버가 결코 아이팟을 넘어설 수 없었던 결정적인 이유는 아이튠즈에 있다. 사실 아이팟 기기 자체에는 특별한 기능이 없다. 아이튠즈에서 재생 목록을 만들어야 아이팟과 동기화할 수 있기 때문이다. 아이튠즈 뮤직 스토어가 문을 열자 음원까지 손쉽게 구입할 수 있는 아이팟은 독보적 제품으로 거듭났다. 이렇게 비즈니스 모델을 혁신하자 아이팟에서 이용할 수 있는 음악 콘텐츠는 질과 양에서 모두 다른 MP3 플레이어를 압도할 수 있었다. 덕분에 폭발적인 인기를 끌 수 있었고, 아이리버는 그 아성을 뛰어넘을 수 없었다.

아이튠즈, 아이팟, 아이튠즈 뮤직 스토어로 이어지는 비즈니스 모델 혁신은 음원 시장을 변화시켰을 뿐만 아니라, 애플을 단순한 컴퓨터 하드웨어 회사에서 소프트웨어까지 겸비한 회사로 거듭나게 했다. 이런 비즈니스 모델 혁신은 아이폰과 아이패드, 애플 앱스토어로 이어지는 애플 생태계로 진화를 거듭했다.

잡스 사용법
22

유통 혁신으로
새로운 고객 경험을 선사하라

2011년 11월 12일 뉴욕 5번가의 애플 스토어가 리노베이션을 마치고 새롭게 공개되었다. 전면 유리로 된 큐브 형태의 입구, 독특한 나선형 유리 계단 등으로 이뤄진 5번가 애플 스토어는 '스티브의 매장'이라고 불린다. 그만큼 잡스의 비지니스와 디자인 철학이 잘 반영된 곳이다. 리노베이션은 내부 개조가 아니라 입구의 유리를 90개에서 15개로 바꾸는 공사였다. 잡스는 죽기 전까지 공사를 진두지휘했고 궁극적으로는 한 면에 한 개의 유리만을 사용하겠다는 계획을 품고 있었다.

　　오늘날 미국의 대도시 번화가에 가면 뉴욕에 있는 스티브의 매장과 비슷한 애플 스토어를 쉽게 만날 수 있다. 스티브 잡스는 1999년 말부터 직영 소매점을 운영하겠다는 계획을 세웠다. 그 당시 애플 제품들은 IBM PC와 호환 기종이 널리 판매되면서 유통점에서 찬밥 신세였다. 진열에서도 밀렸고 직원들조차 IBM PC에 익숙하다보니 고객들에게 제대로 애플 제품을 설명하지 못했다. 이는 판매 실적은 물론이고 애플의 브랜드에도 치명적인 악영향을 끼쳤다. 이런 상황에서 유통 구조를 혁신하지 않고는 애플의 시장점유율을 높일 수 없다고 판단한 잡스는 애플 스토어라는 직영 소매점을 열기로 한 것이다.

　　직영 소매점을 열기로 한 잡스는 제일 먼저 적합한 경영자를 찾았다. 자사의 제품만 파는 직영점을 운영해 큰 성공을 거둔 의류업체 갭의 CEO 미키 드렉슬러Millard Mickey Drexler를 애플 이사회 일원으로 끌어들였다. 타깃이라는 유통업체에서 일한 론 존슨Ron Johnson도 스카우트했다. 그는 갭의 직영점처럼 유명 디자이너가 만든 제품에 타깃 브랜드를 붙여 유통해 큰 성공을 거둔 인물이었다.

　　잡스는 애플 스토어가 단순히 제품 구매가 아니라 고객 경험을 선사하는 매장이 되기를 바랐다. 소비자들이 애플 스토어에서 컴퓨터로 할 수 있는 일들을 직접 배우며 체험할 수 있기를 원했다. 그래서 잡스는 어마어마한 땅값에도 불구하고 대도시의 노른자 땅에 애플 스토어를 열려 했다. 처음 잡스가 애플 스토어를 구상했을 때 컴퓨터처럼 고가의 물건은 교외에 매장이 있어도 기꺼이 찾아간다는 통념이 유통 업계를 지배했다. 잡스는 다르게 생각했다. 애플 마니아라면 교외에 있는 애플 스토어에 가겠지만 애플 제품을 처음 쓰는 사람이 먼 곳까지 올 리가 없었다. 잠재 고객을 유인하는 가장 좋은 방법은 직접 매장에 가서 제품을 만져 보고 써 보게 하는 것이라 믿었다. 대형 할인점처럼 고객이 서둘러 물건 값을 계산하고 빠져나가는 것이 아니라 애플의 제품들을 두루두루 살피고 만지고 직접 사용해 보길 원했다. 애플 스토어의 목표는 소비자가 애플과 관계를 맺는 소통의 장이자 디지털 라이프에 도움을 주는 곳으로 자리매김하는 것이었다. 그래서 누구나 평소 지나다니는 거리에 매력적인 애플 스토어가 있어야 했다.

잡스는 드렉슬러의 조언을 받아 회사 근처에 시험 매장을 만들었다. 마치 제품을 개발할 때 시제품을 만들어 끊임없이 만지고 써보며 완성해가듯 애플 스토어도 같은 과정을 거쳤다. 2001년 5월 19일 첫 번째 애플 스토어가 버지니아 주의 대형 쇼핑몰 타이슨스 코너에 문을 열었다. 당시는 인터넷 직거래가 활성화되던 시기였고, 컴퓨터 회사 게이트웨이가 직영점을 열었다가 부진으로 사업을 접던 때였다. 전문가나 언론의 시선은 회의적이었다. 하지만 이것은 기우에 불과했다. 애플 스토어의 매출은 3년 만에 10억 달러를 넘어섰고 2006년부터는 분기별 매출이 10억 달러를 넘고 있다.

애플 스토어에는 다른 매장에서 볼 수 없는 독특한 서비스 코너가 있다. 바로 지니어스 바$^{Genius\ Bar}$다. 론 존슨은 워크숍을 하며 팀원들에게 지금껏 받은 최고의 서비스가 무엇인지 물었다. 그랬더니 호텔 서비스라는 답이 돌아왔다. 론 존슨은 애플 스토어에서 호텔에서 받은 친절한 느낌이 들게 하려면 어떻게 해야 할까를 고민했다. 그래서 호텔의 서비스를 모방해 안내 데스크와 바의 중간쯤 되는 걸 만들기로 했다. 매장 안에 바를 만들고 맥에 능통한 직원들을 배치했다. 지니어스 바의 탄생이다.

그때까지 컴퓨터 업계의 서비스는 주로 전화로 이뤄졌다. 서비스 직원들의 컴퓨터 관련 지식도 그리 높지 않았다. 반면 애플은 지니어스 바에서 전문가들이 고객과 얼굴을 맞대고 친절하게 상담한다. 지니어스 바에서 고객은 애프터서비스만이 아니라 컴퓨터에 관한 조언, 소프트웨어 사용법 등을 얻을 수 있다. 지니어스 바는 애플 스토어가 추구했던 고객 경험 즉 고객의 디지털 라이프를 풍요롭게 만들어 주는 대표적 상징물로 자리 잡았다.

애플 스토어에서는 애플 제품이 가장 매력적으로 보이도록 철저하게 계산하여 진열한다. 누구나 매장을 둘러보면 애플이라는 브랜드에 매력을 느끼고 호감을 갖게 된다. 애플 스토어는 애플 제품을 판매하는 최일선의 매장이면서 동시에 애플 브랜드 이미지를 정확하게 전달하고 다양한 서비스를 제공하는 플래그십 매장의 역할도 겸하고 있다. 애플은 제품 개발 단계에서 시장조사를 하지 않는다. 대신 신제품이 출시된 후 애플 스토어를 통해 고객의 반응을 세밀하게 살핀다. 고객의 욕구를 파악해 소비자가 만족하는 제품으로 발전할 수 있도록 소통 창구 역할도 담당한다. 아이팟이나 아이

제품뿐 아니라 체험과
서비스를 파는 유통 혁신을 해야 한다.

2012년 중국 상하이의 애플 스토어에서 아이폰 4S를 사려고 길게 줄을 선 고객들 ©AP/Eugene Hoshiko

폰, 아이패드 등 신제품이 나올 때마다 애플 스토어 밖에서 개점을 기다리며 밤새 줄을 서 있는 고객의 모습은 그 자체만으로 화제를 몰고 오는 진풍경이다.

 2012년 현재 전 세계 360여 개의 애플 스토어가 영업을 하고 있다. 미국 내 250개 매장을 비롯하여 영국, 캐나다, 오스트레일리아, 프랑스, 이탈리아, 일본, 중국, 스위스, 독일, 스페인, 홍콩, 네덜란드 등 13개국에서 애플 스토어가 문을 열었으며, 앞으로도 계속 추가로 개설될 예정으로 알려져 있다. 애플 스토어는 2011년 매출이 160억 달러에 달할 정도로 성공하였다. 유통혁신을 통해 애플은 더 많은 상품을 팔수 있었을 뿐만 아니라 브랜드 인지도를 높이고, 고객과 소통 등 상상 이상의 이익을 얻고 있다.

잡스 사용법
23

혁신적인 제품이 산업과 문화를 바꾼다

2007년 1월 9일 샌프란시스코 모스콘 센터에서 예정된 맥월드 엑스포의 연설을 앞두고 스티브 잡스는 몹시 들떠 있었다. 2년 반 동안이나 학수고대했던 아이폰을 발표하는 날이었기 때문이다. 이 날은 컴퓨터 및 이동통신 역사에 기록될 혁명적인 날이었다. 또한 애플의 위상을 바꾸어 놓은 운명의 날이기도 했다. 연단에 올라선 잡스는 인텔의 마이크로프로세서 도입과 아이팟, 아이튠즈, 애플 TV 등과 관련된 사업 현황들을 보고한 후 본론으로 넘어갔다.

2007년 1월 맥월드에서 아이폰을 소개하는 잡스. ⓒAP/Paul Sakuma

가끔은 모든 것을 바꿔 놓는
혁신적인 제품이 나옵니다.

잡스는 "가끔은 모든 것을 바꿔 놓는 혁신적인 제품이 나옵니다."라며 말문을 열었다. 잡스 식으로 표현하자면 애플은 그동안 몇 가지 혁명적인 제품을 세상에 내놓았다. 1984년 매킨토시가 그랬다. 그래픽 사용자 인터페이스를 제공한 매킨토시는 애플뿐 아니라 컴퓨터 산업을 변화시켰다. 2001년에는 아이팟을 선보였다. 아이팟은 음악을 듣는 방식뿐만 아니라 음악 산업 전체를 바꿔 놓았다. 잡스는 또 다시 혁명적인 제품 세 가지를 소개하겠다며 운을 뗐다.

"첫째는 터치 컨트롤이 부착된 와이드 스크린 아이팟이고, 둘째는 혁명적인 휴대폰이며, 셋째는 획기적인 인터넷 통신 기기입니다. 아이팟, 휴대폰, 획기적인 인터넷 커뮤니케이터. 뭔지 아시겠습니까? 이것은 셋으로 분리된 기기들이 아닙니다. 하나의 기기입니다. 우리는 그것을 아이폰이라 부릅니다. 오늘, 애플은 전화기를 새로운 모습으로 재발명하려 합니다."

아이폰 이전에도 전화를 하고, 노래를 듣고, 인터넷 검색을 할 수 있는 스마트폰은 존재했다. 하지만 그것들은 잡스의 말대로 스마트하지 못했다. 잡스는 기존에 있는 기기들을 융합하고 재발명해 진짜로 '스마트'한 휴대폰을 만들어 냈다. 잡스는 새로운 시도를 할 때 애플이 경쟁 우위에 있는 분야를 기반으로 삼아 다른 사업 분야로 진출할 발판을 만든다. 아이폰 역시 아이팟과 매킨토시를 만든 애플의 기술력을 바탕으로 휴대폰으로 진출한 사례다. 흔히 잡스의 통찰력으로 알려진 이런 결정은 기술의 변화와 소비자의 욕구 변화를 재빨리 따라간 결과다.

2005년 무렵 아이팟은 여전히 상승세였지만 한편에서는 노키아, 모토로라, 삼성전자 등 메이저 휴대폰 업체들이 MP3 파일 재생 기능을 갖춘 휴대폰을 출시하며 애플을 강하게 위협해 왔다. 잡스는 자신의 밥그릇을 빼앗을 기기는 바로 휴대폰이라는 사실을 누구보다 잘 알고 있었다. 처음에 잡스는 모토로라와 합작을 했고 2005년 로커ROKR라는 음악 재생이 가능한 휴대폰을 선보였다. 하지만 로커는 겨우 100곡만 저장할 수 있었고, 아이튠즈와 동기화가 불가능했다. 또 디자인은 너무 평범했고, 사용법은 너무 복잡했다. 한마디로 모든 것이 잡스의 성에 차지 않는 제품이었다. 결국 잡스는 하드웨어도 직접 만들어야겠다는 결론에 이른다.

　잡스는 세상을 바꾸는 혁명적인 제품을 만들 때마다 일관되게 사용자 인터페이스와 디자인을 강조했다. 매킨토시의 마우스, 아이팟의 클릭휠 등은 큰 공을 들여 선보인 대표적 사용자 인터페이스였다. 이는 최적의 소비자 경험을 제공해왔고 성공으로 이어졌다. 아이폰에서 사용자 인터페이스로 채택한 것은 멀티터치 방식이다. 줄곧 스타일러스를 고집했던 빌 게이츠와는 사뭇 다른 선택이었다. 잡스는 사용할 때마다 꺼내고 다시 집어 넣고 쉽게 잃어버릴 수 있는 스타일러스는 불편하기 짝이 없는 도구라고 여겼다. 인간에게는 스타일러스가 아닌 최고의 도구가 있다. 바로 손가락이다. 아이폰은 버튼을 없애 화면을 널찍하게 만들고 손가락으로 조작하는 멀티터치 방식을 선보이기로 했다.

　하지만 애플에게는 결정적으로 전화 기술이 없었다. 후에

AT&T가 합병한 싱귤러 와이어리스에게 아이폰의 독점 통신사업자 권한을 주는 대신 상호 협력하기로 계약을 맺었다. 대신 잡스는 아이폰 하드웨어 및 소프트웨어 개발에 관한 자유를 얻어냈다. 이는 그때까지 통신사가 휴대폰 사업을 주도하던 관례를 깨는 일이었다. 휴대폰 사업이 통신사로부터 제조사와 개발자가 주도하는 시장으로 바뀐 일대 사건이기도 했다.

애플의 운명을 가를 중대한 일인 만큼 개발 과정은 철저하게 비밀에 부쳐졌다. 출시를 불과 1달여 남겨놓고서야 AT&T사의 CEO 랜달 스티븐슨도 처음으로 아이폰 실물을 보았을 정도였다. 휴대폰 시장 경험이 전무했던 애플로서는 그만큼 기업의 사활을 건 모험이었고 미래를 결정할 중대 사안이었다.

이날 소개된 아이폰은 출시와 동시에 선풍적인 인기를 끌었다. 2011년 4월 세계 누적 판매량 1억 대를 돌파할 정도로 큰 성공을 거두었다. 아이폰의 등장은 IT 기기의 사용 행태를 컴퓨터에서 아이폰을 중심으로 한 모바일 기기로 급속하게 변화시켰다. 사람들은 컴퓨터 대신 아이폰으로 노래를 듣고, 동영상을 보고, 메일을 보내고, 인터넷 검색을 했다. 아이폰에 뒤이어 나온 태블릿 PC 아이패드는 이런 경향을 한층 강화했다.

또한 아이폰의 성공은 휴대폰 산업을 스마트폰 중심으로 재편하였으며, IT 기업의 판도를 변화시켰다. 아이폰이 등장하기 전까지 세계 휴대폰 시장을 호령하던 최강자는 노키아였다. 노키아는 플랫폼 전략으로 비용을 절감해 저가의 제품을 출시하며 엄청난 이익을 남겼다. 노키아의 전략은 제대로 된 플랫폼 한 개를 개발하면 다양한 모델의 제품을 낮은 비용으로 빠르게 개발할 수 있다는 장점이 있었다. 이런 전략으로 노키아는 1998년에 당시 세계를 주름잡던 모토로라를 꺾고 세계 최고의 휴대폰 회사가 된다. 이후 노키아는 20여 년 동안 세계 1위의 휴대폰 제조사라는 명성을 지켜왔다. 하지만 아이폰의 등장으로 스마트폰 시장이 새롭게 열리면서 급속하게 몰락하고 있다. 최근에 국제 신용평가사인 스탠더드 앤 푸어스와 피치는 노키아의 신용등급을 투기 등급으로 강등했다. 2010년 5월 28일 애플의 시가 총액은 마이크로소프트를 넘어섰다. 마이크로소프트가 윈도를 발표하며 시장을 평정했다면 애플은 아이폰을 출시하며 확실하게 시장의 패권을 쥐게 되었다.

 2007년 아이폰을 발표한 맥월드 엑스포 연설의 말미에 잡스는 회사명을 '애플 컴퓨터 주식회사'에서 '애플 주식회사'로 바꿀 것이라고 선언했다. 애플이 더 이상 컴퓨터 회사가 아니라 디지털 라이프를 주도하는 IT 기업으로 진화했음을 선언한 것이다. 이어서 잡스는 아이폰으로 다시 한 번 세상을 바꾸어 보려한다는 말로 연설을 끝마쳤다.

잡스 사용법
24

혁신은 인간에 대한 이해에서 시작된다

2010년 1월 27일 샌프란시스코에서 애플의 신제품 발표회가 열렸다. 2009년 간 이식 수술을 무사히 마치고 돌아온 잡스는 이날 아이폰과 노트북 사이에 물음표가 있는 화면을 띄어놓고 사람들의 주의를 집중시켰다. 잡스는 새로운 기기는 웹 브라우징, 이메일, 사진, 동영상, 음악, 게임, 전자책을 모두 소화할 수 있어야 한다며 단호하게 말했다. "넷북은 이 중 어떤 것도 더 잘 해내지 못합니다. 하지만 우리는 그런 것을 가지고 있습니다. 우린 그것을 아이패드라고 부르지요." 컴퓨터 환경과 그에 따른 인간의 습관마저 바꾸는 또 하나의 혁신적인 제품, 아이패드가 탄생하는 순간이었다.

애플이 태블릿 PC 프로젝트를 본격적으로 시작한 것은 2007년 저가 넷북을 검토하면서부터였다. 디자인 책임자 조너선 아이브는 회의를 하다가 스크린에 키보드를 연결하는 방식을 꼭 고집할 필요가 있느냐며 의문을 제기했다. 비용도 높아지고 둔해 보이는 방식 대신 스크린 안에 키보드를 넣고 멀티터치 인터페이스를 사용하면 어떠냐는 제안도 덧붙였다. 결정은 즉각 이뤄졌다. 잡스는 조너선 아이브와 함께 스크린 사이즈를 결정했고 태블릿 PC 프로젝트를 추진했다.

사실 태블릿 PC는 여러 기업들이 뛰어들었다가 실패했던 분야다. 이미 10여 년 전 마이크로소프트가 태블릿 PC를 선보였으나 사용하기 불편하다는 이유로 대중화되지 못했다. 이 사실을 충분히 알고 있던 잡스는 아이폰을 만들 때처럼 아이패드를 직관적이고 단순한 인터페이스를 도입한 기기로 만들었다. 키보드나 마우스로 컴퓨터에 접근하는 것이 부담스러웠던 노인이나 유아 들도 손가락을 이용한 멀티터치 방식은 쉽게 사용할 수 있었다. 잡스가 매킨토시를 만들며 꿈꾸었던 '모든 사람이 편리하게 이용할 수 있는 미래의 컴퓨터'라는 비전이 아이패드에서도 구현되었다. 아이패드는 말하자면 컴퓨터가 아니라 부담 없는 가전제품이었다.

이날 잡스는 연단 위에서 아이패드를 들고 소파에 앉아 신문사 웹사이트에 들어가 뉴스를 살피고, 애플의 중역들에게 이메일을

직관적이고, 재미있고,
사용하기 쉬운 제품을 만들기 위해
우리는 늘 과학기술과 인문학의 교차점에 서려고 노력했다.

2011년 3월 샌프란시스코에서 열린 아이패드 2 설명회. ⓒEPA/MONICA M. DAVEY

보내고, 사진 앨범을 넘겨보고, 영화와 음악도 재생했다. 잡스는 누구나 아이패드를 가지고 재미있고 편리하고 친근하게 사용할 수 있다는 걸 한껏 자랑했다. 그러나 신제품 아이패드 발표회는 이것으로 끝나지 않았다. 마지막 슬라이드가 남아 있었다. 화면에 서로 교차되는 도로를 안내하는 표지판이 떴는데 길 이름이 독특했다. '인문학Liberal Arts' 거리와 '과학기술Technology' 거리였다. 스티브 잡스는 독특한 교차로 표지판을 가리키며 그의 인생 테마이자 애플이 지향하는 바를 이렇게 설명했다.

"직관적이고, 재미있고, 사용하기 쉬운 제품을 만들기 위해 우리는 늘 과학기술과 인문학의 교차점에 서려고 노력했습니다. 우리가 아이패드와 같은 창조적인 제품을 만들 수 있었던 것은 이 두 가지 요소들의 결합 때문이었습니다."

사람들은 흔히 뭔가를 만들어 낼 때 기술을 따라잡으려 애쓰지만 정작 본질은 따로 있다. 필요한 건 그냥 기술이 아니라 인간 친화적인 기술이다. 잡스는 2011년 3월 2일에 있었던 아이패드 2 출시 이벤트에서도 이 점을 다시 한 번 강조했다. 아이패드가 출시되자 유사 태블릿 PC들이 봇물처럼 쏟아졌다. 한데 그것들은 뭔가 부족했다. 퍼스널 컴퓨터와 마찬가지로 개발자들은 태블릿 PC를 만들면서 속도를 빠르게 하고 재료를 첨단으로 바꾸는 등 기술에만 몰두했다. 하지만 정작 중요한 것은 그게 아니다. 특히 태블릿 PC는 퍼스널 컴퓨터보다 훨씬 직관적이고 사용하기 쉽게 디자인되어야 한다. 그러자면 기술이 인문학과 결합되고 휴머니즘과 만나야 한다. 사

멀티터치 방식을 이용한 아이패드

기술은 인간을 위해 존재한다.

람들의 마음에 스며드는 인터페이스를 구현하는 혁신적인 제품은 이럴 때 탄생한다.

혁신적인 제품은 결코 기술만으로 탄생하지 않는다. 한때 과학기술의 발전이 모든 걸 해결할 수 있다고 생각하던 때가 있었다. 하지만 정작 기술이 발전한 뒤에야 그것이 많은 한계를 갖고 있음을 깨닫게 되었다. 이제는 과학기술의 발전 못지않게 그 쓰임새에 대한 인문학적 상상력이 필요한 시대다. 인문학이란 무엇인가? 흔히 문사철文史哲이라고 부르는 문학, 역사, 철학 그리고 예술은 사실 모두 인간에 관한 학문이다. 기술 역시 인간을 위해 존재하므로 인문학을 알아야 인간이 사용하기 쉽고 좋아하는 것을 창조할 수 있다. 과학기술과 인문학은 그래서 분리될 수 없으며 이 둘을 아우르는 융합적 사고가 절실하다. 아이패드나 아이폰을 이 시대를 상징하는 창조적 도구라고 여기는 건 그 안에 담긴 과학기술에 깊은 인간애가 흐르기 때문이다. 한 손에 아이패드를 들고 스티브 잡스가 과학기술과 인문학의 교차점을 이야기하며 인문학적 상상력을 역설한 것은 이런 뜻이다.

2001년 10월 「뉴스위크」와의 인터뷰에서 잡스는 자신에게 인문학이 얼마나 중요한가를 이렇게 표현했다. "소크라테스와 함께 오후를 보낼 수만 있다면 내가 가진 모든 기술과 맞바꾸겠다." 잡스는 철학자와 보내는 반나절의 대가로 애플이 가진 기술을 다 줄 수 있을 만큼 인문학이 중요하다고 생각했다.

아이패드는 2010년 3월 12일부터 예약판매를 시작했고, 4월

3일부터 애플 스토어에서 판매를 개시했다. 전문가들은 처음에 아이패드를 두고 단순히 크기만 커진 아이폰이라는 부정적 평가를 내렸다. 막상 뚜껑을 열자 아이패드는 아이폰의 판매 속도를 뛰어넘었고, 심지어 물건이 없어서 못 파는 아이패드 품귀 현상이 일어났다. 애플의 공동 창업자인 워즈니악도 애플 마니아들과 함께 새너제이에 있는 애플 스토어에서 개장을 기다리며 밤을 새웠다. 인문학적 상상력을 바탕으로 사람들이 사용하기 쉽고 좋아하게 만든 아이패드는 출시 한 달이 안돼서 100만 대가 팔렸고 2011년 3월까지 총 1,500만 대가 팔렸다.

　이제 사람들은 의자에 앉아 컴퓨팅을 하지 않고 아이패드를 가지고 침대건 소파건 편한 곳에서 마음껏 디지털 콘텐츠를 소비한다. 그래서 아이패드를 인간의 생활 습관을 바꾸는 최초의 모바일 컴퓨팅 기기로 부른다.

잡스 사용법
25

전방위적으로 혁신해야
세계적인 혁신 기업이 될 수 있다

스티브 잡스와 애플은 하드웨어와 소프트웨어 그리고 스토어를 통합하여 하나의 생태계로 만들려 했다. 우리가 흔히 '애플 생태계'라고 부르는 것이 그것이다. 애플 생태계는 무료로 배포된 음악 재생 소프트웨어 아이튠즈로부터 시작되었다. 아이튠즈에서 음악 재생 목록을 만들어 아이팟을 연결하면 충전과 동시에 최신 설정 상태로 만들어 준다. 동기화라고 부르는 이 간단한 작업만으로 원하는 음악을 쉽고 빠르게 들을 수 있다. 그리고 아이튠즈 뮤직 스토어가 문을 열자 음원까지 손쉽게 구입하게 되었다. 하나의 생태계 안에서 모든 일이 이루어지듯이 아이튠즈, 아이팟, 아이튠즈 스토어로 이어지는 애플 생태계에서 음악에 관한 일은 다 할 수 있었다.

잡스와 애플은 2007년 아이폰을 출시한 후 똑같은 방식을 적용해 애플 생태계를 더욱 넓혔다. 애플은 2008년 7월부터 아이튠즈 스토어 안에 앱 스토어를 선보였다. '앱 스토어'는 '애플리케이션 스토어 Application Store'의 준말로 아이폰에 탑재할 수 있는 다양한 응용 프로그램을 판매하는 온라인상의 모바일 콘텐츠 장터이다. 앱 스토어란 한마디로 말해 소프트웨어 상점이다. 잡스의 말처럼 이런 "앱 스토어는 모바일 애플리케이션 시장에 일대 혁명을 불러왔다." 과거에는 통신사가 지정해 둔 소프트웨어만 휴대폰에서 사용할 수 있었지만 이제는 소비자와 개발자가 모두 앱 스토어를 통해 적극적으로 참여할 수 있다. 소비자는 앱 스토어에 가서 자신이 필요한 소프트웨어를 선택하고 경험하며, 개발자는 애플이 공개한 개발 도구를 이용해 원하는 앱을 만든다. 개발자들은 유통비용에 대한 부담 없이 앱 스토어에서 전 세계인을 대상으로 앱을 소비자에게 팔 수 있다. 가격도 스스로 결정하고, 애플에 수수료 30퍼센트만 지불하면 됐다.

이런 점 때문에 앱 스토어는 개설과 동시에 사용자와 소프트웨어 개발자들에게 큰 인기를 끌었다. 아이폰 사용자들은 스마트폰 본래의 기능뿐만 아니라 앱을 이용해 자신이 원하는 기능을 추가했다. 앱 스토어에 등록된 수십만 가지의 앱 중에 각자가 필요로 하는 앱을 내려 받아 가계부를 적고, 일정을 관리하고, 일기예보를 보고, 동영상을 촬영하고, 게임을 하고, 운동량을 점검하는 등 원하는 일들을 편리하게 할 수 있었다. 사용법도 간단했다. 이미 아이팟과 아이튠즈 스토어를 경험한 사용자들은 같은 방식으로 아이폰과 앱 스토어를 손쉽게 사용했다. 그래서 앱 스토어는 개설된 지 9개월 만에 10억 번째의 다운로드가 이루어질 정도로 큰 인기를 끌었다.

소프트웨어 개발자들에게 앱 스토어는 꿈에 그리던 장터였다. 애플 혼자 힘으로 세상 사람이 원하는 모든 소프트웨어를 만들 수는 없었다. 외부 개발업체와 개발자들의 도움이 필요했다. 그래서 애플은 개발자로 등록한 모든 회사와 개인에게 앱 스토어에 자신이 만든 앱을 올릴 수 있게 하였다. 개발자들은 기숙사 방에서, 차고에서, 사무실에서 새로운 앱을 만들어 앱 스토어에 올리는 것만으로도 큰 성공을 거둘 수 있었다. 모바일 게임인 앵그리버드의 성공은 더 이상 남의 일이 아니었다. 2011년 6월까지 애플이 앱 개발자들에게 지불한 금액이 25억 달러에 이를 정도로 앱 스토어는 개발자들에게 큰 이익을 가져다주었다. 애플은 매킨토시를 만들 때부터 포토샵으로 유명한 어도비 시스템즈^{Adobe Systems}, 전자 출판 편집 프로그램인 쿼크익스프레스^{QuarkXPress}로 알려진 쿼크사^{Quark, Inc.}와도 협력했고, 이들은 애플과의 동반 관계를 통해 성장했다. 애플은 아이폰을 출시한 이후 앱 스토어를 통해 모바일 응용프로그램 개발자들과 공생하는 새로운 모델을 만든 것이다. 그 결과 2012년 1월 앱 스토어에 등록된 앱의 개수는 50만 개가 넘었고, 다운로드 횟수는 150억

회를 넘어섰다.

　잡스는 아이패드의 출시와 함께 애플 생태계를 넓힐 또 하나의 상점으로 아이북 스토어를 열었다. 아이북 스토어는 인터넷 시대가 열리면서 수익 모델 창출에 어려움을 겪던 신문사와 잡지사를 끌어들여 전자책을 판매하는 온라인 상점이다. 「뉴욕타임스」, 「와이어드」를 비롯한 신문과 잡지, ABC 같은 방송사들이 아이패드용 앱을 출시하며 이 대열에 합류했다. 맥밀런이나 펭귄 등 유수의 출판사들 역시 참여했다.

　아이팟, 아이폰, 아이패드와 같은 하드웨어와 아이튠즈, 아이무비와 같은 소프트웨어 그리고 아이튠즈 스토어, 앱 스토어, 아이북 스토어 같은 상점을 통합한 애플 생태계에서는 모든 일이 가능했다. 사람들은 애플 생태계 안에서 전화를 하고, 인터넷을 서핑하며 신문과 잡지를 읽고, 뉴스나 드라마, 영화를 시청할 수 있다. 쇼핑을 즐기거나 책을 읽고 음악을 듣고 동영상을 볼 수 있다. 라디오를 청취하거나 게임을 즐기고 지도를 검색하고, 피아노 같은 악기를 연주하고 화가처럼 그림도 그릴 수도 있다.

　잡스와 애플은 애플 생태계를 만들어 개인용 멀티미디어 콘텐츠 시장의 대부분을 장악하게 되었다. 잡스는 2011년 2월 아이패드 2를 발표하며 "애플은 세계에서 가장 많은 2억 개의 신용카드 정보를 보유한 기업이 됐습니다."라고 자랑했다. 아이튠즈와 앱 스토어, 아이북 스토어의 회원이 그만큼 많으며 이 장터를 이용한다면 무엇이든 팔 수 있다는 뜻이다. 이런 점 때문에 애플 생태계는 대표적인 비즈니스 모델 혁신 사례로 손꼽힌다. 애플은 아이팟, 아이폰, 아이패드와 같은 혁신적인 하드웨어를 팔 뿐만 아니라 아이튠즈와 앱 스토어, 아이북 스토어에서 소프트웨어와 콘텐츠를 동시에 팔았다. 온라인에 국경 없는 거대한 단일 시장을 만든 애플은 가만히 앉아서 거래 수수료만 받을 수 있는 새로운 비즈니스 모델을 창출했다.

하지만 애플 생태계는 단순한 비즈니스 모델 혁신 사례를 넘어서는 것이었다. 그것은 전방위적인 혁신의 결과였다. 애플 생태계는 온라인 상점에서 응용 프로그램과 콘텐츠를 팔아 수익을 올리고, 그것을 사용하기 위해 더 많은 하드웨어를 사게 만드는 선순환 구조를 만들어 냈다. 그 과정에서 끊임없이 제품과 서비스의 혁신이 이루어지고 더 싸고 편리한 제품을 만들고 공급하기 위해 프로세스 혁신과 유통 혁신이 이루어졌다. 더 나아가 사용자와 개발자, 생산자가 공생하는 구조가 만들어졌으며 그 중심에 애플이 자리 잡았다. 오늘날 세계적인 혁신 기업들은 기업이 발전하기 위해 필요한 모든 요소들을 전방위적으로 혁신하려 한다. 단순한 제품 혁신이나 비즈니스 모델 혁신만으로는 성공할 수 없기 때문이다. 그래서 혁신 기업들은 제품 혁신을 중심에 두고 프로세스 혁신, 비즈니스 모델 혁신, 경영 혁신, 조직 혁신, 가치 혁신, 구성원 혁신 등을 동시에 단행한다. 애플 생태계를 만든 스티브 잡스와 애플은 이런 전방위적 혁신의 아이콘이라 불린다.

3부 | 리더십에 대한 사용법

스티브 잡스의 리더십은
무엇이 다른가

잡스의 리더십에 관한 평가는 엇갈린다. 애플을 세계적 기업으로 이끌었지만, 직원을 A급과 B급으로 나누고 필요하다면 대량의 감원도 서슴지 않는 등 부정적 측면도 있다. 하지만 잡스는 최고경영자가 가장 먼저 해야 할 일이 무엇인지를 정확히 알고 있는 리더였다. 그는 거시적으로는 가슴을 뛰게 하는 비전을 설정하고 미시적으로는 인재를 아끼고 팀워크를 중시하는 리더였다. 특히 위기에 처한 애플에서 잡스가 보여준 확고하고 명확한 리더십은 큰 힘을 발휘했다. 왜 고집스럽고 통제하길 좋아하는 잡스와 일하는 것이 애플 직원들에게 인생을 바칠만한 경험이 될 수 있었는지 잡스의 리더십을 만나보자.

잡스 사용법

26

리더에게 가장 중요한 자질은 비전 제시 능력이다

리더란 조직을 이끄는 통솔자이며, 기업 제일의 리더는 최고경영자이다. 최고경영자의 리더십에 따라 기업의 흥망성쇠가 결정되기 때문에 경영학에서는 리더십을 주요한 주제로 다룬다. 흔히 리더십이란 리더의 자질과 능력을 말한다. 좀 더 구체적으로 리더십이란 조직 구성원이 자발적으로 행동하고 협조하여 조직의 목표를 달성하도록 유도하는 리더의 자질과 능력을 말한다.

최고경영자가 리더십을 발휘해야 하는 범위는 동기부여부터 인재 채용, 의사소통, 평가와 보상, 갈등 관리, 심지어 해고에 이르기까지 다양하다. 조직을 이끌어 나가는 리더가 어떤 능력을 갖춰야 할지 보여 주는 재미난 사례가 있다. 세계 최고의 리더십 전문가인 워렌 베니스Warren Bennis는 성공한 리더 90여 명의 특성을 분석해서 성공한 리더의 자질을 알아보았다. 조사 대상에는 IBM 최초로 외부 경영자로 영입되었던 루이 거스너Louis V. Gerstner, Jr., 제너럴 일렉트릭의 전 회장 잭 웰치Jack Welch, 인텔의 앤드루 그로브Andrew S. Grove 등 쟁쟁한 리더들이 포함되어 있었다. 한데 이들 대단한 리더의 능력 자체는 평범한 사람들과 별 차이가 없었다. 다만 조직원들에게 미래의 비전을 제시하고, 조직원들이 능력을 키우도록 독려하고, 효과적으로 의사소통을 했다는 점이 공통적인 특징으로 나타났다.

리더십에는 하나의 모범 답안만 존재하는 것이 아니다. 학자마다 주장하는 리더십의 종류도 다르다. 다만 유형적으로 볼 때 리더십은 권위형, 민주형, 자유방임형으로 분류할 수 있다. 권위형은 독재자처럼 조직원들에게 복종을 요구하고 정보를 독점하며 실수를 용납하지 않는 유형이다. 민주형은 조직원들의 참여를 독려하고 경쟁과 토론을 통해 목표를 설정하고 나아가게 한다. 자유방임형은 권위형 리더와는 반대로 지도자가 스스로 결정하지 않고 권력도 행사하지 않으며, 구성원들의 재량을 최대로 허용한다.

하지만 시대는 늘 새로운 리더십을 요구한다. 감성 지능EQ의 창시자 대니엘 골먼Daniel Goleman은 리더에게 중요한 것은 이성이 아닌 감성이라며 공감을 이끌어 내는 리더십, 즉 조직원들의 마음을 움직일 수 있는 감성 리더십을 강조했다. 또 잠재력을 이끌어 내 조직원이 원하는 모습으로 성장시키고 그 과정에서 성과를 내도록 돕는 '코칭Coaching'도 최근 각광 받는 리더십이다. 결국 최상의 리더십이란 정해져 있는 것이 아니라 조직의 특성에 맞춰 조직원들과의 상호작용을 통해 만들어 가는 것이므로, 리더는 모범적 유형의 리더십보다는 자신만의 리더십을 찾는 것이 바람직하다.

하지만 전문가들이 이구동성으로 손꼽는 리더의 자질이 있다. 미래지향적인 자세, 즉 조직 구성원들이 비전을 달성하도록 이끄는 자질이다. 스티브 잡스의 리더십에서 가장 눈여겨봐야 할 부분 역시 비전 제시 능력이다.

여기서 비전은 기업 이념과는 다르다. 기업 이념이 사업을 운영하는 목표라면 비전은 사업을 통해 세상을 어떻게 바꿔 나갈지에 대한 총체적인 구상이다. 대부분의 기업 이념이 장황하고 화려하며 그럴듯한 추상적인 문구로 치장되어 있는 반면, 비전은 조직원들에게 실질적인 동기를 부여하기 위해 감성적이며 구체적인 형태로 표현된다. 비전은 기업 구성원들이 생산하는 제품이나 서비스를 통해 세상을 더 살기 좋은 곳으로 만들 수 있다는 거시적인 방향성을 보여 준다. 그래서 비전은 사람을 설레게 한다.

스타벅스의 CEO 하워드 슐츠Howard Schultz는 스타벅스의 비전을 "직장과 가정 사이에 제3의 장소를 제공하는 것"이라고 했다. 단순히 커피를 파는 게 아니라 문화적 공간을 제공한다는 스타벅스의 비전은 조직원들이 해야 할 일이 무엇인지 명확하게 보여 준다.

구글의 창업자인 세르게이 브린과 래리 페이지는 투자를 받기 위해 세쿼이아 캐피털과 만났을 때 비전이 무엇이냐는 질문을 받았다. 브린과 페이지는 "클릭 한 번으로 세상 모든 정보에 접근할 수 있는 사이트를 만드는 것"이라고 답했다. 더 이상 부연 설명이 필요 없는 명확한 비전이다.

1984년 원조 매킨토시를 출시하며 마련한 애플 이벤트에서 잡스는 이렇게 말했다.

"우리는 우리의 비전에 모든 것을 걸었습니다. 그러는 편이 모방 제품을 만드는 것보다는 훨씬 낫습니다. 모방 제품은 다른 회사들이나 만들라고 하죠. 우리에게 중요한 것은 그 다음의 꿈입니다."

과연 "우리는 우리의 비전에 모든 것을 걸었습니다."라고 말한 스티브 잡스의 비전은 무엇일까? 잡스의 비전은 바로 "모든 사람이 편리하게 이용할 수 있는 미래의 컴퓨터를 만드는 것"이었다. 1985년 애플을 그만두고 나서 잡스는 한 잡지와의 인터뷰에서 "왜 애플은 IBM 호환형 컴퓨터를 만들지 않았는가?"라는 날카로운 질문을 받았다. 잡스는 그 질문에 이렇게 대답했다.

"우리 회사를 이끌어 온 제품들에 대한 비전 때문이었습니다. 애플에서 하고 싶었던 일은 컴퓨터를 가전제품처럼 수천만의 소비자들에게 안겨 주는 일입니다."

잡스는 인류가 만들어 온 것들 중 가장 괄목할 만한 도구가 컴퓨터이며, 인간은 도구 사용자라고 생각했다. 따라서 많은 사람들이 컴퓨터를 사용할 수 있도록 만든다면 세상에 질적 변화를 불러

일으킬 수 있다고 믿었다. 하지만 IBM의 컴퓨터는 잡스가 생각하기에 일반인이 가전제품처럼 쉽게 사용할 수 없는 불편한 제품이었다. 이런 비전을 지닌 잡스로서는 IBM 호환형 컴퓨터를 만들 수 없었을 것이다. 그는 뭔가 다른 방식이 필요했으며 마우스와 그래픽 사용자 인터페이스를 갖춘 매킨토시가 그 답이라고 생각했다.

리더가 비전을 조직원들과 공유하고 싶다면 먼저 자신의 감정을 읽고 조정할 수 있어야 한다. 잡스의 비전이 사람들을 이끌 수 있었던 이유는 그 스스로가 자신의 비전에 강한 확신을 갖고 있었기 때문이다. 리더의 비전은 그대로 조직원들에게 전염된다. 잡스와 일하는 것은 결코 만만한 과정이 아니었지만 애플의 직원들은 잡스와 똑같은 꿈을 꾸었다. 미래의 컴퓨터를 만들어 보다 많은 사람들이 사용할 수 있도록 하겠다는 꿈, 컴퓨터가 인류의 미래를 더 풍요롭고 창의적으로 바꿀 것이라는 꿈. 잡스와 매킨토시 팀은 이 비전을 공유했다.

그래서 잡스는 애플에서 어떤 일을 시작할 때 제일 먼저 비전을 설정했다. 매킨토시를 만들 때는 '쉽게 이용할 수 있는 미래의 컴퓨터'라는 비전을 설정했다. 아이팟, 아이폰, 아이패드라는 혁신적 제품을 선보이기 전에는 '미래의 PC는 디지털 허브'라는 비전을 먼저 발표했다.

잡스 사용법
27

중요한 일을 하고 있다는 동기부여가
사람을 움직인다

훌륭한 리더는 조직의 비전을 명확하게 설정한다. 하지만 비전만 있다고 목표를 달성할 수 있는 것은 아니다. 조직 구성원들이 비전을 위해 열정적으로 일에 몰두하게 하려면 동기부여가 필요하다. 그래서 리더십의 자질 중 하나로 동기부여 능력을 중요하게 여긴다. 흔히 물질적 보상이 가장 직접적이고 효율적인 동기부여 방법이라고 알려져 있다. 하지만 가장 강력한 동기부여는 물질적 보상처럼 외부로부터 오는 것이 아니라 인간의 내부에서 저절로 나오는 것이다. 그래서 리더는 구성원들에게 리더와 조직을 믿고 따를 분명한 이유를 제시하고, 구성원들 스스로 내부에서 동기부여가 되도록 해야 한다. 세상의 어느 조직이든 자신이 하는 일이 중요하다는 믿음 없이 동기부여는 결코 이뤄지지 않는다.

동기부여의 고전적인 방식은 강압이나 보상이다. 강압은 리더가 취할 수 있는 가장 손쉬운 방식이다. 조직원들이 어떤 결과가 닥칠 것을 두려워하게 만들어 행동을 이끌어 내는 방법이다. 감봉, 견책, 명예퇴직, 해고 등이 여기에 속한다. 하지만 이것은 효과가 일시적이며 금방 내성이 생겨 조직원을 무감각하게 만드는 부적절한 방법이다.

보상의 방법으로는 개인의 능력과 업적을 평가해 차등적으로 보상하는 성과 중심 연봉제가 대표적으로 널리 시행되고 있다. 하지만 돈이 언제나 동기를 불러오지는 않는다. 2001년 토론토 대학 경영학과의 리처드 플로리다$^{Richard\ Florida}$ 교수는 디자인, 엔지니어링, 법, 금융 서비스 분야에서 일하는 3,800명에게 무엇이 동기를 유발하는지 조사했다. 그랬더니 외적인 요인보다는 내적인 요인, 즉 자신을 위하거나 자신을 자신답다고 만족시키는 요소들이 대부분이었다. 돈은 도전과 책임, 유연성, 안정적인 작업환경 다음인 네 번째 요소에 불과했다.

잡스는 리더로서 비전 설정과 동기부여 능력이 탁월했다. 그는 무슨 일을 하건 팀원들에게 자신들이 중요한 일을 하고 있다는 동기부여를 확실하게 했다. 스티브 잡스는 1980년대 초반 매킨토시를 만들 때 "컴퓨터를 가전제품처럼 수천만의 소비자들에게 안겨" 주고 싶다는 비전을 갖고 있었다. 잡스는 이런 비전을 제시한 후 매킨토시 팀이 하는 일이 얼마나 중요한지, 그 일이 미래에 미칠 영향이 어떤 것인지에 대해 확신에 찬 어조로 말했다. "우리는 우주에 흔적을 남기기 위해 여기에 있습니다.", "우리는 새로운 유형의 자전거를 만들고 있습니다." 같은 말로 매킨토시 개발을 독려했다. 잡스의 이런 말들은 팀원들 스스로가 자신이 하는 일이 중요한 일이라고 생각하게끔 만들었다.

　잡스의 비전 설정과 동기부여 방식은 때로 특유의 '현실 왜곡장'이 발휘된 결과이기도 했다. 현실 왜곡장이란 매킨토시를 만들던 시절 팀원들이 최면술 같은 잡스의 설득 능력에 붙여 준 이름이다. 잡스는 분명히 불가능해 보이는 일조차 가능하다고 자기 확신을 하는 때가 많았다. 터무니없는 자기 확신에 찬 그는 상대를 설득하고 때로 협박해서 이룰 수 없는 일을 가능하게 만들곤 했다. 팀원들은 잡스의 이런 기질을 현실 왜곡장이라고 불렀던 것이다. 잡스를 만나 함께 일한 사람들은 현실 왜곡장으로 뭉친 그를 두고 '세일즈맨의 확신, 전도사의 열정, 열광자들의 의지, 지칠 줄 모르는 기업가 정신'을 두루 갖춘 인물이라고 평했다.

　스티브 잡스의 동기부여 기법은 다양했다. 그는 조직원들이 할 수 있는 것보다 더 크게 기대해 긍정적인 결과를 이끌어 내기도 했다. 1983년 매킨토시 출시를 앞두고 잡스는 유통 업체들에게 맥을 소개하는 행사를 계획했다. 잡스는 그 자리에서 맥의 데모 버전이 아니라 정식 버전을 시연하고 싶어 했다. 그러자면 맥 안에 소프트웨어가 모두 탑재되어야 했다. 마감 시간은 코앞에 닥쳤는데 문제가 생겼다. 맥에서 버그가 발견되었고 기한 내에 코드 작업을 완료하는 것이 불가능했다. 2주의 시간이 더 필요하다고 엔지니어들이 잡스에게 보고했다. 불같이 화를 낼 것이라는 예상을 깨고 뜻밖에도 잡스는 직원들을 독려하고 그들의 능력을 칭찬하기 시작했다. 팀원들이 얼마나 소중한 존재이며 자신이 그들에게 얼마나 큰 기대를 하고 있는지를 말했다. 그러면서 잡스는 정식 버전이 반드시 제 날짜에 선보일 수 있을 것이라고 확신하면서 이렇게 말했다.

"우리가 못 한다는 건 말이 안 됩니다. 여러분은 수개월 동안 이 작업에 매달려 왔어요. 현 상황에서 방법을 강구합시다. 딱 1주일 뒤 매킨토시의 코드는 예정대로 넘길 겁니다."

이 말을 들은 당시 담당 엔지니어들은 사흘 동안 밤을 새워 작업했고 불가능하다고 생각했던 일을 정말로 끝냈다. "사람들은 대부분 높은 목표가 어떤 힘을 발휘하는지 잘 모릅니다." 잡스의 말처럼 높은 목표는 불가능을 가능케 했다.

잡스는 능수능란하게 동기부여를 해 원하는 결과를 이끌어냈다. 부정적으로 말해 상대를 도발하는 방법도 자주 사용했다. 잡스는 픽사에서 매달 쏟아져 나오는 애니메이션을 꼼꼼히 살폈다고 한다. 조금이라도 마음에 안 들고 허점이 보이면 가차 없이 험한 말을 퍼부었다. "당신이 만들고 싶은 게 겨우 이런 수준인가요?"라고 직원들을 자극하여 분발을 촉구한 것이다.

경쟁심 돋우기도 잡스가 애용했던 방법이다. 1981년 매킨토시 팀을 맡자마자 잡스는 1년 안에 맥을 완성시키겠다고 직원들에게 장담했다. 리사 프로젝트를 책임지고 있는 존 카우치John Couch에게 먼저 내기를 제안했다. 잡스는 매킨토시가 먼저 시장에 출시된다는 데 5,000달러를 걸었다. 잡스 자신은 물론이고 직원들을 독려하기 위한 방법이었다. 물론 리사가 매킨토시보다 1년 먼저 출시되었다. 잡스도 맥이 먼저 나오는 게 불가능하다는 걸 알았지만 이런 무모한 내기로 맥 팀을 똘똘 뭉치게 만들었고 사기를 올려 주었다. 우주에 흔적을 남길 만한 위대한 제품을 만든다는 사명감으로 가득 찬 당시 매킨토시 팀원들은 "주 90시간 근무, 행복하다."라는 문구가 쓰인 셔츠를 입고 다녔다.

잡스는 비전을 설정하고 팀원들에게 동기를 부여한 다음에는 카리스마적인 실행력을 발휘해 집중했다. 잡스의 현실 왜곡장에 치를 떠는 사람도 있었지만 그의 동기부여에 동화된 사람들에게 애플은 젊음을 기꺼이 바칠 만한 곳이었다.

잡스 사용법
28

리더는 불확실한 미래에 맞서 언제나 분명해야 한다

1997년 애플에 복귀한 잡스는 "Think Different"라는 슬로건을 내걸고 그에 걸맞은 제품 개발을 모색했다. 그 결과가 1998년에 선보인 아이맥이다. 곡선으로 이루어진 외관과 청록빛이 도는 반투명 케이스로 만들어진, 한 번도 본 적이 없는 정말로 색다른 컴퓨터였다. 컴퓨터 내부를 들여다 볼 수 없는 원조 매킨토시를 만들 때도 기판을 가지런하게 배열하라고 주문했던 잡스였다. 내부가 훤히 들여다보이는 아이맥이야말로 그가 원하는 단순함으로 안과 밖이 통일된 제품이었다.

하지만 이 실험적인 아이맥의 디자인은 엔지니어 책임자인 존 루빈스타인Jon Rubinstein과 그의 엔지니어들에게는 거의 재앙에 가까운 일이었다. 조너선 아이브Jonathan Ive가 디자인 아이디어를 들고 올 때마다 엔지니어들은 반대를 했다. 실현 가능성이 적고 비용이 너무 많이 들어가 비현실적이라는 게 이유였다. 아이맥의 반투명 플라스틱 케이스는 보기에는 간단해 보여도 엄청나게 복잡한 과정을 통해 만들어졌다. 케이스의 가격도 만만치 않았다. 보통 컴퓨터 케이스보다 세 배는 비쌌다.

잡스는 당시의 상황을 이렇게 말한 적이 있다. "견본을 가지고 엔지니어에게 갔더니 그걸 만들 수 없는 이유를 서른여덟 가지나 내놓더군요." 그래서 잡스는 엔지니어에게 이렇게 대꾸했다. "아니요, 우리는 이걸 만들어야 합니다." 엔지니어가 시큰둥하게 답했다. "글쎄, 왜지요?" 잡스가 단호하고도 명확하게 말했다. "왜냐하면 내가 CEO니까. 나는 이걸 충분히 할 수 있다고 생각하니까." 결국 엔지니어들은 잡스의 카리스마에 못 이겨 제작에 들어갔다.

잡스는 대중이나 구성원을 따르게 하고 복종하게 하는 마력처럼 강한 능력이 있었다. 사람을 끌어당기는 힘이 있다는 점에서 카리스마charisma가 강한 리더였다. 카리스마는 특히 조직이 위기에 처했을 때, 변화를 이끌어야 할 때 힘을 발휘하는 경우가 많다. 조직원들이 신속하게 힘을 합쳐 문제를 해결했는지, 혹은 돌발 상황에 주도적으로 대처했는지의 여부는 결국 리더의 카리스마 문제로 귀

결된다.

보통 리더나 정치가, 대중 스타에게 사람을 움직이는 특별한 매력과 힘이 존재할 경우, 카리스마가 있다고 표현한다. 하지만 원래 카리스마는 '신의 특별한 은총'을 뜻하는 말로 종교적 의미로 쓰였다. 카리스마가 리더의 자질로 바뀌어 쓰이기 시작한 것은 독일의 사회학자 막스 베버Max Weber가 『경제와 사회』에서 '카리스마적 권위'에 대한 정의를 내리면서부터였다. 20세기 전까지 사회학적인 의미에서 권위란 법 또는 전통에서 나온다고 여겨졌다. 막스 베버는 카리스마를 보통의 인간이 가지지 못한 초자연적이고 초인간적인 재능이나 힘을 일컫는 말이라고 정의했다. 그는 카리스마를 권위와 지배의 한 형태로 보고, 카리스마적 권위를 전통과 법률에 이어 세 번째 형태의 권위로 꼽았다.

카리스마가 늘 긍정적인 의미로 쓰이는 것은 아니다. 부작용도 있다. 피터 드러커Peter Ferdinand Drucker는 나폴레옹, 히틀러, 스탈린 등을 예로 들면서 카리스마 있는 리더는 궁극적으로 인류에 재앙을 가져다 줄 수 있다고 경고했다. 리더의 카리스마가 강할수록 조직의 역동성은 증가한다. 따라서 위기의 상황에서 조직에 혁신적 변화를 가져오는 데는 적절할지 모르지만, 카리스마에 과도하게 의존할 경우 갑자기 파국을 맞을 수도 있다는 지적이다.

리더는 카리스마라는 오만과 자만으로 가득 차 있어서는 안 되지만 그렇다고 좌절과 무력감에 빠지거나 우유부단해서도 안 된다. 특히 불확실한 선택을 해야 할 때 리더는 카리스마를 보여 줘야 한다. 구성원들에게 성공에 대한 자신감을 불어넣어 긍정적으로 일하도록 하기 위해서는 카리스마가 필요하다.

아이맥을 만들 때 엔지니어들은 과도한 비용과 전에 본 적이 없는 새로운 모형을 만드는 일에 거부감과 두려움을 동시에 느끼고 있었다. 이런 상황에서 리더는 어떤 행동을 취해야 할까? 잡스는 망설이지 않고 명확하게 단언했다. "내가 CEO니까. 나는 이걸 충분히 할 수 있다고 생각하니까." 리더의 단호한 카리스마는 구성원들의 두려움을 해소하는 유일한 치료제였다. 리더의 역할은 결국 사람들을 보다 나은 미래로 이끄는 데 있다. 현재는 비록 재정 상태도 위험하고 판매 실적이 부진할지라도 조직원들에게 미래에 대한 열정과 확신을 불어넣는 길을 찾는 게 리더의 역할이다.

인간은 누구나 불확실한 미래가 두렵다. 확실하지 않다는 것은 곧 위험에 처하거나 손해를 볼 가능성이 있다는 뜻이다. 리더는 조직원들이 느끼는 미래에 대한 두려움을 열정과 확신으로 바꿔 줘야 한다. 이때 리더는 단호하고 명확한 카리스마를 보여 줄 필요가 있다. 물론 리더라고 늘 옳은 것은 아니다. 언제고 틀릴 수 있고 실패할 수 있다. 그렇다고 결정의 순간마다 리더가 혼란스러워하거나 결정을 미뤄서는 곤란하다. 방향성이 없다면 조직은 전진할 수 없다. 리더는 모든 사람을 만족시킬 수는 없지만 조직원들이 지금 이 순간 집중해야 할 대상을 명확히 하고 이를 분명하게 지시할 수는 있다. 그것이 바로 리더십이다.

『강점에 집중하라』의 저자인 마커스 버킹엄 Marcus Buckingham 은

1998년 아이맥과 함께 포즈를 취한 잡스. ⓒAP/Moshe Brakha

리더의 카리스마는
구성원들의 두려움을 해소하는
유일한 치료제다.

"유능한 리더는 매력적이거나 명석할 필요가 없으며 오히려 중요한 것은 분명해지는 것"이라고 했다. 리더의 카리스마란 조직원들이 어디를 향해 가야 할지, 조직의 핵심 강점은 어디에 있는지, 어떤 행동을 취해야 할지를 분명하게 보여 주는 일이다. 위기에 처한 애플의 리더로서 잡스는 회사가 나아가야 할 방향을 제시하고 위대한 제품 아이맥을 선보이는 데 조직의 역량을 집중했다. 잡스의 카리스마는 이 과정에서 빛을 발했다.

잡스 사용법

29

리더의 설득력은
진심과 신뢰에서 나온다

    스티브 잡스는 탁월한 리더이다. 많은 사람들이 잡스가 갖고 있는 훌륭한 리더로서의 자질로 카리스마적인 통솔력, 미래를 보는 통찰력, 비전 제시 능력을 손꼽는다. 또 한 가지 감탄하는 능력이 바로 탁월한 설득력이다. 실제로 그는 불가능하다고 생각되는 일 앞에서도 절대 포기하는 법 없이 끈질기게 설득하고 원하는 바를 쟁취했다.

    설득이란 상대방이 자신과 같은 생각을 하도록 만드는 일이자, 어떻게든 자신이 원하는 대로 행동하도록 유도하는 커뮤니케이션 능력이다. 원하는 가격 또는 특정한 조건에 동의를 얻어 내는 협상을 잘하려면 역시 설득력이 필요하다. 요즘에는 비즈니스 현장뿐 아니라 일상생활에서도 설득의 중요성이 강조되다보니 여러 가지 설득의 법칙들이 소개되고 있다.

스티브 잡스는 상대에 따라 자유자재로 밀고 당길 줄 아는 설득의 달인이었다. 직원들의 능력을 고취시키기 위해 때로 자존심을 건드리는 도발도 서슴지 않았다. 자신이 옳다고 믿는 일을 완수하기 위해 카리스마로 압도한 적도 많았다. 외부 전문가를 설득하기 위해서 칭찬의 기술을 활용하기도 했다.

하지만 잡스가 이런 설득의 테크닉에만 몰두한 것은 아니다. 설득의 토대로 가장 중요한 것은 진심과 신뢰다. 내가 한 말을 상대가 곧이곧대로 듣지 않는다면 아무리 현란한 설득의 기술을 사용한다 해도 통할 리 없다. 상대를 믿지 않으면 사람들은 행동하지 않고 그렇게 되면 결국 설득은 불가능하다. 잡스는 이런 설득의 본질을 잘 알고 있었다. 그래서 그는 약점 또한 솔직하게 드러내어 먼저 상대의 신뢰를 얻었다. 그러고 나서 원하는 바를 제시해 설득에 성공했다. 마이크로소프트와 오랜 불편한 관계를 청산하고 신뢰 회복을 통해 애플이 재기하는 발판을 마련한 것이 좋은 예다.

1997년 8월 잡스는 맥월드 엑스포에서 폭탄선언을 했다. 긴 세월 동안 적대적 감정을 지니고 있던 마이크로소프트와 협력하기로 했다는 발표였다. 얼마나 충격적이었던지 잡스의 이 선언은 곧바로 「타임」과 「뉴스위크」의 주요 기사로 실렸고, 잡스가 빌 게이츠와 통화를 하는 사진이 「타임」의 표지를 장식했다.

그 당시 애플과 마이크로소프트는 10여 년 동안 소송 중이었다. 시작은 1985년 잡스가 애플에서 나올 무렵부터였다. 당시 CEO인 존 스컬리는 마이크로소프트가 애플의 그래픽 사용자 인터페이스의 라이선스를 받아 윈도 1.0에 사용하도록 허락했다. 대신 마이크로소프트는 워드와 엑셀을 2년 동안 매킨토시에만 공급한다는 협상을 맺었다. 빌 게이츠는 매킨토시와 비교할 수조차 없는 낮은 수준의 윈도 1.0을 선보였다. 거의 애플을 흉내 낸 윈도 1.0은 느리고 버그가 많아 혹평을 받았다.

1988년 마이크로소프트는 결점을 대폭 보완한 윈도 2.0을 발표했다. 하지만 매킨토시의 그래픽 사용자 인터페이스와 유사한 기능들이 많았다. 윈도 2.0이 애플과 마이크로소프트의 라이선스 수준을 넘어선다고 판단되자 애플은 즉시 저작권 침해 소송을 제기했다. 1985년 맺은 협정이 윈도 2.0에는 적용되지 않으며 마이크로소프트가 윈도 모양이 나타나는 패턴, 사라지는 패턴, 여러 창들을 겹쳐서 띄우는 방식, 타이틀 바 등 애플의 그래픽 사용자 인터페이스를 189가지나 복제했다고 주장했다. 길 아멜리오가 애플의 CEO가 된 후 애플과 마이크로소프트의 관계는 더욱 악화되었다. 빌 게이츠는 더 이상 매킨토시를 위해 워드와 엑셀을 개발하지 않겠다고 반격에 나섰다.

잡스가 애플로 돌아왔을 때 여전히 마이크로소프트가 애플의 그래픽 사용자 인터페이스의 디자인과 느낌을 도용했는지에 관한 소송이 진행 중이었다. 이는 단지 소송의 문제만이 아니라 애플이 먼저 만든 것을 마이크로소프트가 베꼈고 애플이 이기려면 마이크로소프트가 져야 한다는 식의 감정싸움으로까지 번진 상태였다.

잡스가 복귀했을 당시 애플은 심각한 위기였다. 잡스는 마이크로소프트와 더 이상 감정싸움을 하고 있을 시간이 없다고 판단했다. 그럼에도 애플의 임직원뿐만 아니라 고객들까지 애플이 이기려면 마이크로소프트가 져야 한다는 생각을 갖고 있었다. 하지만 정말 둘 중 누군가 져야 게임이 끝나는 거라면, 당시 상황으로 봐서는 결국 애플이 질 수밖에 없는 게임이었다. 2007년 5월 30일 D5 콘퍼런스에서 잡스는 이때의 일들을 회고하면서 이렇게 말했다. "애플이 마이크로소프트를 꼭 이겨야 할 이유는 없습니다." 이 말처럼 상황을 냉정하게 파악했던 잡스는 더 이상 애플이 마이크로소프트를 이기려고 할 필요도, 꼭 이겨야 할 이유도 없다고 판단했다. 마이크로소프트는 애플의 소프트웨어를 개발해주는 중요한 외부 개발사라는 사실이 더 중요했다. 그는 자존심 때문에 벌이는 미친 짓을 그만두고 관계를 개선하려 노력했다.

그러나 이미 감정의 골이 너무 깊어져 빌 게이츠나 애플의 이사회를 설득하는 것은 불가능해 보였다. 하지만 잡스는 포기하지 않았다. 마이크로소프트에게 감정적으로 적대감을 가지고 있는 이사회를 설득하기 위해 잡스는 자신이 느끼고 있는 애플의 위기를 숨김없이 설명했다. IT 산업이라는 생태계 속에서 살아가고 있는 애플에게는 다른 파트너들의 도움이 필요하며 그 파트너 중 하나가 마이크로소프트라고 설득을 했다. 혁신은 하지 않고 남의 것만 베낀다고 비난했던 빌 게이츠에게 자존심을 굽히고 전화를 해 솔직하게 도움을 청했다. 윈도에 대한 오래된 특허권 침해 소송을 취하할 테니 마이크로소프트가 매킨토시 운영 체계에서 작동할 수 있는 워드와 엑셀을 개발해달라고 부탁했다. 또 한 가지, 마이크로소프트가 애플에 투자해달라는 제안도 했다. 이에 빌 게이츠는 매킨토시의 기본 브라우저로 인터넷 익스플로러를 채택할 것을 요구했고 잡스는 이를 받아들였다. 스티브 잡스의 제안이 있고 나서 단 4주 만에 두 회사는 조건에 합의하고 협정을 맺었다.

　애플과 마이크로소프트의 협력은 두 회사 모두에게 득이라는 리더로서의 잡스의 판단과 생각은 옳았다. 이 협정에 따라 애플은 매킨토시에서 쓸 수 있는 워드와 엑셀을 얻었고, 그동안 애플을 부정적으로 바라보던 세간의 시각을 바꿀 수 있었다. 나아가 애플의 주가가 30퍼센트 이상 상승하는 덤까지 얻었다. 모두가 불가능하다고 생각하는 일을 가능하게 한 것은 잡스의 설득력이었다. 잡스는 정직하게 자신을 드러내 신뢰를 얻었고 상대를 설득했다. 훗날 빌 게이츠는 이때 일을 돌아보면서 잡스가 과거와 달리 솔직하고 겸손하게 협상을 제안한 것에 깊은 인상을 받았다고 회고했다. 때로는 어떤 설득의 법칙이나 기술보다 진실을 말하는 것이 더 강한 설득력을 갖는다.

잡스 사용법

30

리더는 인재의 중요함을 알아야 한다

　좋은 인간관계가 살아가는 데 중요하듯이 뛰어난 인재를 채용하는 일은 기업의 발전에 있어서 그 무엇보다도 중요하다. 그래서 기업의 최고 경영자들은 저마다 최고의 인재를 선발하려 하고, 더 나아가 개별 기업이 지닌 비전이나 사명 그리고 문화와 어울리는 적절한 인재를 채용하려고 애쓴다.

　2007년 5월 D5 콘퍼런스에서 잡스는 인재의 중요성을 이렇게 역설했다.

"아이디어 혹은 사람이 우리의 전부입니다. 바로 이것이 우리가 매일 아침 출근을 하고 엄청나게 똑똑한 사람들과 계속해서 어울리게 해주는 힘입니다. 나는 항상 채용이야말로 우리가 가장 심혈을 기울여야 하는 일이라 생각해 왔습니다."

잡스가 생각하는 인재는 어떤 모습일까. 그가 인재를 채용할 때 중요하게 생각하는 몇 가지 요소가 있다. 뛰어난 인재는 채용의 최우선 순위였다. 그는 사람들과 일할 때 늘 최고를 고집했다. 다른 경영자들도 최고의 인재를 선호하는 것은 마찬가지이지만, 잡스는 편집증에 가까울 정도로 최고의 인재에 집착했다. 그에게 세상 사람들은 천재 아니면 멍청이였기 때문이다. 잡스는 애플에는 언제나 'A급 인재'가 필요하다는 말을 즐겨 썼다. 능력에 따라 직원을 평가하는 일은 흔하지만 어떤 기업이나 최고 경영자도 자기 직원들 앞에서 'A급 인재', 'B급 인재' 라고 공공연하게 말하지는 않는다. 그런데도 잡스는 'A급 인재'가 필요하다는 말을 직원들 앞에서 서슴지 않고 썼다. 그 이유는 그만큼 뛰어난 인재가 중요하다고 생각했기 때문이다. 또 잡스는 'B급을 고용하면 그들이 다른 B급과 C급을 데려 온다'고 생각했다. 만약 채용하고 싶은 사람이 A급이라면 제약이 있다 해도 상관하지 않았다. 초기 맥 워드의 코드를 고안할 당시 랜디 위깅턴 Randy Wigginton은 고등학생이었지만 제 몫을 다하기 때문에 문제 될 게 없었다.

또 잡스는 창의적인 사람을 원했다. 그중에서도 특히 막힘이 없는 자유로운 반항아 기질이 있는 사람을 선호했다. 사람을 채용할 때도 특정 분야에 편중되지 않고 다양한 분야에서 두드러진 성과를 올리는 사람들을 눈여겨보았다. 창의력이란 어떤 한 분야에서만 얻어 낼 수 있는 능력이 아니기 때문이다.

잡스는 제품에 대한 열정이 있는 인재를 원했다. 제품에 대한 열정이 있느냐 없느냐를 당락의 기준으로까지 삼았다. 1981년 매킨토시를 만들 무렵 그는 입사 지원자를 천으로 덮여 있는 원형 맥이 있는 방으로 데려가곤 했다. 그리고 천을 벗겼을 때 지원자가 제품을 보고 어떻게 반응하는지를 지켜보았다. 애플 지원자라면 당연히 매킨토시를 보고 탄성을 터뜨리며 마우스를 조작해 보고 흥미로워해야 마땅했다. 제품에 대해 호기심을 보이고 관심을 드러내야 테스트를 통과할 수 있었다. 만약 그렇지 않다면 지원자는 단박에 잡스에게 멍청이 취급을 받았다. 잡스는 이 테스트를 통해 지원자가 제품에 대한 열정을 지닌 애플 열광자인지 아닌지를 확인했다.

잡스는 자신이 생각하는 채용 기준을 만족시키는지 알아보려고 독특한 테스트 방식을 사용하곤 했다. 맥을 만들 무렵 소프트웨어 팀의 지원자들은 비디오게임을 해야 했다. 또 지원자에게 일부러 공격적인 말을 던지기도 했다. 지원자가 의외의 상황에서 얼마나 머리 회전이 빠른지, 유머 감각을 얼마나 발휘하는지, 상대의 말을 얼마나 빨리 되받아칠 수 있는지 순발력을 테스트하기 위해서였다. 난처한 질문을 던져 놓고 대응 여부를 파악하는 것도 채용 테스트 중 하나의 관문이었다. 많은 지원자들이 이 관문을 통과하지 못했다. 특히 지원자가 보수적인 경우에는 십중팔구 잡스의 덫에 걸려 희생양이 되었다. "첫 경험은 언제쯤인가요?"라고 묻는 건 예사고 지원자가 당황하면 한술 더 떠서 "아직 숫총각인가 보군요?" 하고 짓궂게 놀리기까지 했다. "LSD는 몇 번이나 했나요?" 같은 잡스의 터무니없는 질문에 시달리다 못해 지원자가 스스로 포기하는 경우도 있었다.

이런 별난 테스트를 꼭 좋은 채용 방법이라고 할 수는 없다. 하지만 잡스는 테스트를 통해 지원자의 자질은 물론 애플의 문화 그리고 기존 직원들과 얼마나 잘 어울릴 수 있는지를 살폈다. 지원자는 개발팀과 완전히 하나가 되어야 했다. 또 모든 것을 통제하고 세부적인 것까지 간섭하는 잡스의 꼼꼼한 간섭을 이겨 내야 했다. 그럴 수 없는 사람들은 이런 과정을 거쳐 걸러 냈다.

잡스는 채용 과정에서 괴팍하고 때로는 자존심을 건드리는 질문을 서슴지 않았지만 당락 여부를 혼자 결정하지는 않았다. 잡스와 애플은 협력적인 채용 방식을 선택했다. 특정 부서에 지원했더라도 해당 부서의 관리자가 아닌 회사 수뇌부를 만나야 했다. 설사 그가 마케팅 부서에 지원했다 하더라도 디자이너나 엔지니어들과 만나 이야기를 나누는 방식을 채택했다. 적임자가 아니라고 판단되면 지원자를 탈락시킬 권한까지도 면접자에게 위임했다. 또 직원들에게는 애플에 일할 만한 적임자를 추천하도록 장려했다. 애플에 잘 적응하고 있는 사람들이라면 주변에는 훌륭한 엔지니어나 친구가 있게 마련이었다. 만약 직원들이 추천한 사람들이 채용될 때는 500달러의 보너스를 주었다. 직원들을 학교로 보내 직접 장래가 유망한 인재를 골라 오게도 했다. 이렇게 새로운 직원이 들어오면 기존 팀원들이 선배로서 도와주는 '버디 시스템Buddy System'도 도입했다.

　말로는 창의적 인재가 필요하다고 하지만 대부분의 기업에서는 조직에 순응적인 사람들을 뽑는 경우가 많다. 반면 잡스는 창의적이고 흥미로운 사람들을 눈여겨보고 채용 여부를 결정했다. 리더인 스티브 잡스가 경영에서 가장 중요하게 생각한 것은 제품이었지만 제품을 만드는 건 결국 사람이었다. 30여 년 전 맥을 만들 때나 지금이나 애플에서는 "전략, 인재, 제품을 관리하라. 그러면 결과는 자연히 따라올 것이다."라는 잡스의 말은 변함없는 진리로 통한다.

잡스 사용법
31

리더는 연인에게 사랑을 고백하듯
인재를 구한다

최고의 인재를 알아보고 스카우트하는 리더로서의 스티브 잡스의 능력은 대단했다. 이에 관해서는 많은 이야깃거리가 전해진다. 가장 유명한 일화는 1983년 잡스가 당시 최고의 마케팅 실력자였던 존 스컬리 펩시콜라 사장을 애플에 영입한 일이다.

잡스는 존 스컬리를 애플로 데려오기 위해 여러 차례 만났다. 하지만 존 스컬리는 계속 머뭇거렸다. 굴지의 음료 회사 사장이었던 노련한 존 스컬리가 이제 창업한 지 몇 년 되지 않는 애플로 자리를 옮기는 것은 큰 모험이었기 때문이다. 하지만 결국 존 스컬리는 애플의 CEO 제의를 수락했다. 스티브 잡스의 도전적인 말 때문이었다.

존 스컬리는 스카우트를 하러 온 잡스에게 친구처럼 허물없이 지내는 것이 어떻겠냐고 제안했고 기업을 운영하는 데 도움이 필요하다면 조언도 해주겠다며 정중하게 거절의 뜻을 전했다. 그러자 잡스는 고개를 숙이고 잠시 침묵하더니 곧 스컬리를 쏘아보며 도발적으로 말했다.

"당신은 남은 인생을 설탕물이나 팔며 보내고 싶습니까? 아니면 나와 함께 세상을 바꿔보고 싶습니까?"

자신보다 한참 나이 어린 잡스가 던진 이 말은 스컬리에게 큰 충격을 안겼다. 결국 스컬리는 도전적이고도 자신만만한 20대의 잡스에게 스카우트되었다.

잡스가 능력 있는 사람들을 스카우트하기 위해 설득하는 방식은 몇 가지로 요약해 볼 수 있다.

첫째는 도발이다. 걸출한 엔지니어가 필요했던 잡스는 여기저기 수소문한 결과 엔지니어 밥 벨빌이 유능하다는 사실을 확인했다. 밥은 팔로알토 연구소에서 업무용 프린터의 기술 책임자로 일하고 있었다. 잡스는 밥을 만나자마자 이렇게 말했다.

"당신 아주 대단하다고 들었어요. 하지만 당신이 이제까지 한 일은 전부 쓰레기예요. 나한테 와서 일해요."

듣기에 따라서는 굉장히 불쾌한 발언이고 면전에서 사람을 바보로 취급하는 말이었지만 이런 도발에 자극받은 밥은 결국 애플에 들어갔다.

둘째는 더 나은 미래를 상상해 보라고 유혹하기다. 리사 프로젝트를 진행할 때 잡스는 프로그래머 빌 앳킨슨Bill Atkinson에게 애플 입사를 권유했다. 하지만 신경 과학 박사 과정을 밟고 있던 빌 앳킨슨은 잡스의 제의를 거절했다. 그러자 잡스는 환불이 불가능한 비행기 티켓을 그에게 보냈고 결국 빌은 잡스를 한번 만나 이야기나 들어 보기로 했다. 잡스는 빌을 만나 세 시간이나 설득했고 마지막으로 이런 말을 던졌다.

"상상해 봐요. 우리는 미래를 창조하고 있습니다. 파도의 높은 물마루에서 서핑을 한다고 생각해 봐요. 얼마나 흥미진진하고 짜릿하겠습니까? 반면 파도가 다 지나간 물 끝에서 개헤엄을 치는 걸 생각해 봐요. 아무런 재미도 흥분도 없지요. 우리 회사에 와서 세상을 바꿔 봅시다."

이 말을 들은 빌은 결국 애플에 합류하기로 했다.

잡스는 때로 정말로 원하는 사람을 만나면 연인에게 사랑을 고백하듯 장밋빛 미래를 그려 보였다. 넥스트 초창기에도 비디오 기술자인 스티브 메이어를 끌어오기 위해 비슷한 방법을 썼다. 잡스는 그에게 이렇게 말했다.

"매혹적인 신형 컴퓨터 광고가 실린 잡지를 읽고 있다고 상상해 봐요. 이 새 기계에 대해 더 자세히 알아보려고 전화를 건다고 상상해 봐요. 그 회사는 당신의 질문에 대답할 뿐 아니라 당신을 회사로 초청도 할 거예요. 그 회사에 들어서자 안내원이 당신을 영접

1984년 매킨토시 앞에 서 있는 잡스와 스컬리. ⓒThe New York Times/Marilynn K. Yee

당신은 남은 인생을 설탕물이나 팔며 보내고 싶습니까?
아니면 나와 함께 세상을 바꿔보고 싶습니까?

하죠. 건물 내부로 안내되고 제품이 베일에 덮여 있는 연구실로 들어섭니다. 베일을 벗기자 맙소사, 끝내주는 컴퓨터가 당신을 기다리고 있어요."

스티브 메이어는 잡스가 말하는 끝내주는 컴퓨터 이야기에 말려들었고 제품에 대한 비전을 공유하게 되었다. 결국 그는 넥스트에서 일하게 되었다.

셋째로 아직 공개가 되지 않은 제품을 보여 주는 것도 잡스가 즐겨 쓰는 방법이다. 버트 커밍스를 스카우트할 때 이 전략을 썼다. 버트 커밍스는 다니던 회사에서 이사 승진을 앞두고 있어서 넥스트에 합류해 달라는 잡스의 제의를 거절했다. 그러자 채용 담당자가 연락을 해왔다. 최종 결정을 하기 전에 스티브 잡스를 한번 만나보지 않겠냐고 말이다. 잡스는 버트 커밍스를 만나 원래 넥스트 사람이 아니라면 누구에게도 제품을 보여 주지 않는데 그에게만 특별히 공개하겠다고 미끼를 던진다. 잡스는 현재 진행되는 제품이 얼마나 혁신적인지를 설명하고 버트 커밍스에게 만져볼 수 있는 기회도 제공했다. 제품에 흥미를 느낀 버트 커밍스는 넥스트에 입사했다.

잡스식 인재 스카우트에 공통점이 있다면 반드시 채용하고 싶은 사람이 있을 경우 인사과나 외부 구인 업체에 맡기지 않고 직접 나섰다는 점이다. 때로 열정이 지나쳐 다른 기업에서 인재를 몰래 빼오는 일도 서슴지 않았다. 최고의 인재를 스카우트할 때 스티브 잡스는 과거의 실적이나 능력을 보고 스카우트 대상을 찾았지만, 무엇보다도 그들이 애플과 사랑에 빠질 수 있는가를 가장 중시했다. 만약 애플과 사랑에 빠질 수만 있다면 다른 문제들은 저절로 해결된다고 생각했다.

　　잡스는 다른 어떤 경영자보다 인재 채용과 스카우트에 많은 시간을 할애했다. 또 결정이 되면 주저하거나 망설이며 시간을 낭비하는 법도 없었다. 이렇게 잡스에게 스카우트된 인재들은 리더인 잡스의 비전에 공감했고 더 나아가 생각과 습관까지 따라 배웠다. 그들은 애플의 협업적인 기업 문화에서 잡스와 한배를 탄 것처럼 창조적으로 일했다.

잡스 사용법
32

일은 리더 혼자 하는 것이 아니다

스티브 잡스의 아이팟에는 주로 그가 10대였던 1960년대 후반부터 청년기였던 1970년대에 들었던 노래들이 담겨 있었다. 특히 잡스가 숭배하다시피 좋아했던 밥 딜런Bob Dylan과 비틀스The Beatles의 노래는 거의 다 들어 있었다. 밥 딜런은 1962년에 첫 앨범 〈Bob Dylan〉을 냈고 비틀스 역시 1962년 첫 싱글 〈Love Me Do〉를 발표하며 영국 차트를 휩쓸었고 1964년에는 미국에서도 돌풍을 일으켰다. 잡스는 최고의 전성기를 누리던 밥 딜런과 비틀스의 노래를 들으며 10대를 보냈다. 자유로운 반항 정신이 충만한 밥 딜런과 비틀스의 노래는 잡스에게 큰 영향을 미쳤다. 잡스는 불이 나서 집에서 한 장의 음반만을 들고 나올 수 있다면 비틀스 음반을 선택하겠노라 말한 적도 있다.

오래전부터 이어진 스티브 잡스의 비틀스 사랑은 음악에만 한정되지 않는다. 그는 2003년 CBS 〈60분〉이라는 프로그램에 출연하여 "경영 기법의 모델이 되는 사람이 있느냐?"는 질문을 받고 이렇게 대답했다.

"나의 비즈니스 모델은 바로 비틀스입니다. 그들은 멤버 네 명이 문제를 안고 있었지만 서로를 보완해 주었습니다. 그렇게 균형을 맞추었습니다. 그들은 모두 하나가 됨으로써 개개인이 활동하는 것보다 더 큰 힘을 발휘했습니다. 이것이 바로 내가 비즈니스를 바라보는 관점입니다. 비즈니스에서 위대한 업적은 결코 혼자서 이룰 수 없습니다. 팀으로 뭉친 사람들이 해내는 것입니다."

잡스는 비틀스를 음악뿐만 아니라 경영 기법의 모델로 삼을 정도로 좋아했고, 실제로 애플이 비틀스처럼 서로 보완하고 균형을 잡는 팀으로 움직이길 원했다. 그래서 "나는 비틀스처럼 일하고 싶다."라는 말을 자주 했다. 잡스가 개인적으로 가장 좋아한 존 레논을 비롯하여 폴 매카트니, 조지 해리슨, 링고 스타는 개성이 강한 사람들이었다. 하지만 그들은 비틀스 안에서 음악을 위해 뭉쳤다. 비틀스의 노래가 지금도 위대한 음악으로 기억되듯이 잡스도 팀워크를 발휘해 위대한 기업을 만들고 싶어 했다.

2010년 아이튠즈 스토어에서 비틀스 음원 판매 시작을 알리는 광고.

일은 혼자 하는 것이 아니라
함께 하는 것이다.

잡스는 비틀스를 통해 팀워크가 소중하다는 사실을 깨달았지만 그 중요성을 몸소 느끼게 된 보다 직접적 계기는 픽사^{Pixar}에서의 경험이었다. 보통 영화나 애니메이션 제작은 프로젝트 단위로 이뤄진다. 제작사에서 해당 작품에 맞는 감독, 배우, 스태프를 프리랜서로 고용하고 작업이 끝나면 헤어진다. 통상 프로젝트 단위의 이합집산 체제로 움직이기 때문에 할리우드는 서로 제작 아이디어를 빼돌리고 음해하는 정치적 음모가 넘치는 곳이다. 이런 풍토 속에서 픽사는 예외적이다. 할리우드의 제작 관행과 완전히 다른 방식을 선택했다. 픽사는 감독, 작가, 스태프 등 모든 제작팀이 한 회사 소속으로 월급을 받으며 생활하고 서로 협력하여 작품을 만들었다. 직원들의 역량을 강화하기 위한 투자도 게을리하지 않는다. 픽사 내에는 미술, 애니메이션, 영화 제작 등과 관련한 사내 교육 프로그램을 제공하는 픽사 대학이 있다. 안정된 토대 위에서 자기 계발이 이뤄지니 픽사의 직원들은 역량이 높을 수밖에 없다. 그래서 잡스는 "픽사는 온전히 A급 직원들로만 이루어진 회사였다."고 틈날 때마다 이야기하곤 했다.

픽사 대학 건물에는 "Alienus Non Diutius"라는 라틴어 문구가 새겨져 있다. "나는 더 이상 혼자가 아니다."라는 뜻이다. 그만큼 픽사는 협업과 개인의 능력 계발을 중요하게 생각한다. 픽사에서 새로운 작품을 만드는 일은 팀 스포츠였다. 혼자만 잘해서 되는 것이 아니라 감독과 작가와 애니메이터 등 모든 사람이 직위를 떠나 협력해야 새로운 작품을 만들 수 있었다. 우수한 능력을 가진 개인들이 협업을 통해 혼자서는 이룰 수 없는 우수한 작품을 만들어 낸 것이다. 〈토이 스토리〉 이후 〈니모를 찾아서〉 〈인크레더블〉 〈카〉 〈라따뚜이〉 〈업〉 등 끊임없이 수작을 탄생시킬 수 있었던 비결도 여기에 있다.

픽사를 이끄는 양대 주춧돌인 존 래스터$^{John\ Lasseter}$와 에드 캣멀$^{Ed\ Catmull}$ 같은 뛰어난 인재들과 일하며 잡스는 과거처럼 전권을 휘두르는 독단도 버리게 된다. 리더로서 한층 성숙해진 것이다. 픽사의 협업 문화에 큰 깨달음을 얻은 잡스는 애플에 복귀 후 팀워크를 강조하기 시작했다. 잡스는 컴퓨터 분야에서도 혼자서 할 수 있는 건 아무것도 없다고 강조했다. 주변에 함께 할 사람들을 만들고, 팀 또한 함께 업무를 해야 한다고 말했다. 그래야 팀의 모든 구성원들이 자신이 가진 능력을 발휘하여 최고의 성과를 보여 줄 수 있다고 믿었다. 그래서 잡스는 최고재무책임자^{CFO} 프레드 앤더슨$^{Fred\ Anderson}$, 최고운영책임자^{COO} 팀 쿡, 하드웨어 책임자 존 루빈스타인, 디자인 책임자 조너선 아이브 등 회사의 주축들에게 재량을 부여했다. 그는 자신 없는 관리 업무는 능력 있는 경영자들에게 맡기고 제품과 아이디어에 매달렸다. 잡스는 때로 독단적이고 배려심이 없으며 이기적이었지만 픽사를 통해 일은 혼자 하는 것이 아니라 함께 한다는 사실을 배웠고 이를 애플에서 실천했다.

잡스 사용법

33

리더는 색다른 보상을 할 줄 알아야 한다

대부분의 기업들은 직원들의 성과를 평가하고 이에 따라 적절한 보상을 한다. 공정한 평가와 적절한 보상을 할 줄 아는 능력은 리더가 갖추어야 할 중요한 자질 중 하나이다. 대개 보상은 임금, 보너스, 스톡옵션의 형태로 이뤄진다. 이런 보상은 애플에도 존재했다. 하지만 스티브 잡스에게 보상이란 단지 돈만을 의미하지 않았다. 그는 좀 특별한 방법으로 보상을 했다. 잡스는 돈뿐만 아니라 훌륭한 제품을 만들었다는 뿌듯함도 보상이 된다고 믿었다.

잡스는 누군가 목표를 달성하거나 어떤 문제를 해결했을 때, 또는 기념할 만한 중요한 날이 왔을 때 그냥 넘어가지 않고 축하하는 특유의 '의식'을 많이 마련했다. 잡스는 의식이라는 특별한 행사가 인간에게 미치는 영향력을 깨닫고 있었다. 인간이 자신의 삶에 대해 만족을 느낄 수 있는 방법 중 하나가 사소하지만 구체적으로 반복되는 의식이다. 인간은 의식을 반복하며 삶에 의미를 부여하고 '나'라는 존재가 살아있다는 사실을 확인한다. 인간의 삶이란 곧 의미를 부여하는 반복된 의식이라 해도 지나치지 않다.

잡스는 일상 업무 속에 이런 작은 의식들을 수없이 실천했다. 매킨토시 팀의 누군가가 보너스를 받을 만한 일을 하면 잡스는 흰 봉투에 수표를 넣어 직접 그 직원이 일하는 곳으로 갔다. 그리고 사람들이 보는 앞에서 격려의 말과 함께 봉투를 건넸다. 엔지니어들에게 메달을 전달할 때도 비슷했다. 엔지니어에게 메달을 수여하며 그가 해 온 노력에 진정으로 감사를 표했다. 소프트웨어 개발 완성처럼 어떤 목표가 달성되면 모두들 하던 일을 멈추고 당사자를 축하했다.

매킨토시가 완성되어 출시가 시작되었을 때 잡스는 공장 근로자들에게 적절한 보상을 하고 싶었다. 그는 직접 공장으로 가서 근로자들에게 100달러짜리 지폐를 일일이 나눠 주었다. 그러면서 근로자들과 눈을 맞추고 그들의 노력에 감사하고 격려를 표했다. 리더가 직접 제품에 관여할 뿐 아니라 직원 한 사람 한 사람에게 관심을 갖고 있다는 사실은 직원들에게 강한 의욕을 느끼게 만들었다.

이런 일련의 의식과 무형의 보상이 반복되자 직원들은 자신이 중요한 일을 하고 있다고 확신하게 되었다.

매킨토시를 만들 때 스티브 잡스가 했던 가장 인상적인 의식은 엔지니어들을 예술가로 대접한 일이다. 1982년 2월, 매킨토시의 케이스 디자인이 끝났을 때 잡스는 매킨토시 팀을 모아 축하하는 자리를 만들었다. 잡스는 40여 명의 엔지니어들을 한 사람씩 호명했다. 그리고 팀원들은 매킨토시의 플라스틱 몰딩 케이스 안에 새겨질 사인을 직접 했다. 스티브 워즈니악은 워즈라는 친숙한 애칭으로 사인했다. 잡스도 맨 마지막에 사인을 했다. 의미 있는 의식을 거행하며 잡스가 말했다.

"예술가들은 그들의 작품에 사인을 하지."

매킨토시를 구매한 사람들은 결코 컴퓨터 내부에 새겨진 이들의 사인을 볼 수 없다. 일반적인 방법으로 매킨토시의 내부를 열 수도 없고 소비자가 그런 것에 관심이 있을 리도 만무했다. 하지만 이 순간을 함께 공유한 직원들은 자신들이 만든 매킨토시가 단순한 컴퓨터가 아니라 하나의 예술 작품이라고 여겼다. 잡스의 말 한마디에 그들은 평범한 엔지니어가 아니라 매킨토시라는 예술품을 만든 예술가가 되었다. 하루 열여덟 시간씩 일하며 강행군을 한 팀원들의 지난 고통은 이 한순간에 모두 사라졌다. 스스로 이런 대우를 받을 만하다는 자부심도 느꼈다. 당시 참여한 팀원들은 두고두고 오리지널 매킨토시를 볼 때 마다 내부에 새겨진 자신의 사인을 생각하며 가치 있는 위대한 일을 했노라 만족할 수 있었다.

2007년 9월 런던의 애플 스토어에서. ⓒ연합뉴스

인간은 의식을 반복하며 삶에 의미를 부여한다.

1984년 매킨토시가 출시되자 잡스는 팀원 전원에게 매킨토시를 나눠 주며 악수를 하고 깊은 감사의 마음을 전했다. 각각의 매킨토시에는 팀원들의 이름이 새겨진 명판이 붙어 있었다. 잡스에게서 받은 매킨토시는 상점에 가면 살 수 있는 컴퓨터가 아니라 예술품이며 기념품이었다. 잡스와 함께 일했던 제이 엘리엇은 아직도 이때 받은 매킨토시를 간직하고 있으며 아마 다른 팀원들도 마찬가지일 거라고 회고했다. 잡스는 아이폰이 출시되었을 때도 비슷한 일을 했다. 시간제 근로자와 컨설턴트까지 포함해 전 사원이 아이폰을 무료로 받았다.

잡스는 애플에서 일하며 훌륭한 직원들은 어린애처럼 다루지 않아도 된다는 사실을 깨달았다. 단지 직원들이 대단한 일을 성취할 수 있다고 기대하는 것만으로 충분했다. 직원들은 돈이 아니라 감사의 마음을 전하고 이를 기념하는 것만으로 하는 일에 자부심을 느꼈다. 능력 있는 직원일수록 함께 모여 일하는 걸 좋아했고, 동기부여가 되어 일에 만족할수록 자신이 인정하지 못할 만한 성과에 결코 안주하지 않았다. 일이 아무리 고되어도 잡스가 좋아하는 말처럼 "여정 자체를 보상"이라고 여겼다.

하지만 모든 직원들에게 이런 특별한 의식과 보상이 주어지는 건 아니었다. 대니얼 콧키Daniel Kottke는 잡스의 대학 시절 친구이자 인도 여행까지 함께 했었다. 그는 시급제 직원이지만 초창기부터 애플에 참여했다. 1980년 애플이 기업 공개를 하자 애플에 관계된 300여 명이 백만장자가 되었지만 대니얼 콧키는 그 명단에 속하지 않았다. 아예 스톡옵션을 받지도 못했다. 이를 보다 못한 엔지니어 로드 홀트$^{Rod\ Holt}$가 잡스와 자신이 각자의 지분을 좀 나누어 주자고 제안했다. 잡스는 이 제안에 대해 "좋아. 대니얼 콧키에게 내 지분의 0퍼센트를 떼어 주지."라고 냉정하게 말했다.

잡스의 보상은 성과가 있을 때에 한했다. 사업 초창기를 함께 했다는 감상적인 이유만으로 보상은 주어지지 않았다. 가까운 사람을 무시하는 차갑고 인정머리 없는 잡스의 단면일 수도 있지만 리더로서 원칙을 따른 결과이기도 했다. 스톡옵션을 원하면 성과를 내놓아야 했다. 리더인 잡스에게 성과 없는 보상이란 상상도 할 수 없는 일이었다.

잡스 사용법
34

채용뿐 아니라
해고도 리더의 몫이다

　　새로운 인재를 뽑는 것만큼 때로는 기존 인력을 내보내는 것도 기업의 발전에 있어서 중요하다. 하지만 해고가 주는 부정적 이미지 때문에 직원을 해고하는 것은 최고경영자에게 언제나 어려운 결정으로 다가온다. 기업을 운영하다보면 해고는 피할 수 없다. 다만 상황이 어렵다고 해서 무자비하게 해고한다면 이는 몰인정하고 부당한 기업이라는 인상밖에는 주지 못한다. 뛰어난 기업의 리더는 새로운 인재를 채용할 때 엄격한 잣대로 판단해 채용하고, 해고 역시 예외 없는 정확하고 엄격한 기준을 적용해 해고가 기업 내의 인사 결정의 한 과정으로 자리 잡도록 한다.

　이런 면에서 잡스는 리더로서의 자질이 많이 떨어지는 것처럼 보인다. 사실 잡스가 사람을 대하는 태도는 악명이 높다. 그는 같이 일한 애플의 직원들에게 험한 말을 내뱉어 상처를 입히곤 했다. 이는 잡스의 이분법적 사고에서 비롯된다. 그에게 세상의 사람들은 둘로 나뉜다. 능력 있는 천재 아니면 쓸모없는 멍청이다. 잡스는 상대가 자신처럼 능력 있는 사람이라고 판단되면 상대방을 인정하고 부드러워진다. 하지만 멍청이라고 생각되면 면전에서 대놓고 거친 소리를 했다.

　리사 팀과 매킨토시 팀을 통합할 때 잡스가 보여 준 태도는 비인격적이고 잔인하기까지 했다. 매킨토시 팀의 리더들은 모두 승진을 시키고 리사 팀은 4분의 1을 해고했다. 심지어 해고 당사자들을 모아 놓고 "당신은 실패했어.", "당신들은 B급 팀이고 B급 직원이야."라고 쏘아 대기까지 했다. 이런 잡스의 이분법적 사고와 태도에 대해 많은 사람들이 비판을 했다. 비인격적이라는 비난에 대해 잡스는 훗날 죽음을 앞두고 자신이 사람들을 함부로 다룬 것이 아니라 형편없는 사람을 만나면 그저 면전에 대고 그렇게 얘기하는 것뿐이라고 변명했다. 그러면서 "내가 엉터리라고 생각하면 누구든 내게 그런 생각을 말할 수 있고, 나 역시 그럴 수 있다."라고 했다.

　하지만 이런 잡스조차도 해고 통보가 즐거울 리는 없었다. 직원을 해고하고 돌아온 어느 날 잡스는 아직 어린 아들 리드를 보자

문득 '가족과 어린 아들에게 일자리를 잃었다고 말해야 하는 사람은 어떤 기분일까.' 하는 생각이 들어 가슴이 아팠다는 고백도 했다. 하지만 이내 해고 통보는 누군가는 해야 할 일이라고 마음을 고쳐먹었고 후회하지 않기로 했다. 1995년 잡스는 직원을 해고하는 마음을 이렇게 표현한 적이 있다.

"세계 최고가 아닌 직원을 데리고 있고 그들을 해고해야만 하는 상황은 고통스럽습니다. 그러나 능력이 부족한 직원을 해고하는 것 또한 내 일이라는 사실을 알게 되었습니다."

잡스는 능력이 부족한 직원을 해고하는 것은 누군가 해야 할 일이며 바로 경영자인 자기가 해야 할 일이라고 보았다. 잡스는 1997년 애플에 복귀한 첫해에 3,000명 이상의 직원을 해고했다. 그대로 있다가는 파산할 지경인 애플의 처지를 생각한다면 어쩔 수 없는 일이었으며 그것은 경영자인 자신이 해야 할 일이라고 보았다. 구조조정이 이뤄지는 몇 달 동안 직원들은 잡스와 엘리베이터를 함께 타는 것도 두려워했다. 하지만 대규모 해고는 애플의 수익성을 높이는 데 기여했다. 오랫동안 끔찍한 적자에 시달리던 애플은 마침내 1997년 4/4분기부터 수익을 올리기 시작했다.

잡스는 경영자로서 회사가 위기 상황에 처했을 때 구조조정 차원에서 직원들을 해고하기도 했지만, 일상적인 상황에서도 능력 없는 직원을 해고하는 일을 서슴지 않았다. 잡스에게 A급이 아닌 직원은 해고의 대상이었는데 이유는 명확했다. 조직이 커지면 알게 모르게 B급 직원을 용인하게 된다. 그러다 보면 어느 사이에 조직에는

C급 혹은 D급 직원까지 남게 된다. 그래서 잡스는 한 잡지와의 인터뷰에서 "대부분의 회사에서 일어나는 문제는 능력 있는 직원들이 제대로 일할 수 있는 환경을 유지하지 못한다는 것입니다. 개인의 성과가 장려되기는커녕 방해 받는 환경이 되고 맙니다. 그렇게 되면 훌륭한 직원은 떠나고 그저 그런 사람들만 남게 되지요."라고 말했다. 이래서는 최고의 제품을 만들 수 없다는 게 잡스의 생각이었다. 그는 자신의 업무 중 하나가 조직에 몸담고 있는 인재들의 질적 수준을 유지하는 일이라고 믿었다. 오로지 A급 인재들만을 고용하고 유지한다는 목표를 조직에 심어 주려고 노력했다.

뉴욕의 맨해튼을 가로질러 갈 때 최악의 택시 기사와 최고의 택시 기사는 기껏 해 봐야 2배 정도밖에는 차이가 안 난다. 최악의 기사가 목적지까지 가는 데 30분이 걸린다고 하면 최고의 기사라도 시간을 절반 정도밖에는 줄일 수 없다. 만약 요리의 경우라면 최고의 요리사와 최악의 요리사가 보여 줄 수 있는 맛의 차이는 3배쯤 될 것이다. 하지만 소프트웨어 분야로 넘어오면 차이는 더욱 크게 벌어진다. 컴퓨터 업계에서 최악의 인재와 최고의 인재는 100배 혹은 그 이상의 차이를 가져올 수 있다. 결국 잡스는 A급 직원을 A급 직원들끼리 일하게 하는 것이 생산성과 창의력을 불러올 수 있는 비결이며, 그 증거가 바로 애플이라고 생각했다.

사실 해고를 결정해야 하는 대부분의 최고경영자들은 직원들이 자신을 잔인하다고 생각하지 않을까 걱정스러워 하지만 잡스의 생각은 달랐다. 일을 제대로 하지 못하는 B급 직원을 그대로 조직에 놔둘 경우 오히려 A급 직원의 신뢰를 잃을 수 있고 조직의 와해를 불러올 수 있다고 보았다. 문제는 해고 그 자체가 아니라 최고의 제품을 만들 수 있는 팀을 만들고 유지하는 일이었다. 리더인 잡스는 그 일이 자신이 해야 할 일이라고 생각했고 최고의 팀을 만들기 위해 망설이지 않고 해고를 했다. 잡스의 이분법적 사고와 비인격적 태도를 옹호하거나 배울 필요는 없지만, 능력 없는 직원을 해고하는 일이 최고경영자가 해야 할 일이라고 본 그의 리더로서의 자세는 반드시 배워야만 한다.

4부 | 디자인에 대한 사용법

스티브 잡스와 애플처럼 디자인하려면 어떻게 해야 할까

많은 사람들이 애플 제품처럼 겉모습을 단순하고 보기 좋게 만들면 된다고 생각한다. 하지만 스티브 잡스는 디자인을 한 번도 겉치장이라고 여긴 적이 없다. 그에게 디자인은 제품의 영혼이자 본질이었다. 제품이 만들어진 목적이 잘 구현 될 수 있도록 하는 것이 디자인이었다. 또 디자인은 제품을 사용하기 쉽게 만드는 일이었다. 아이팟은 직관적으로 음악을 들을 수 있도록 트랙휠을 이용한 인터페이스를 디자인했고, 아이폰과 아이패드는 터치스크린이 가장 잘 구현되는 방식으로 디자인했다. 포괄적이고 단순한 디자인을 위해 고민하고 궁리했던 잡스의 디자인 철학을 살펴보자.

잡스 사용법
35

디자인은 제품의 본질을 반영한다

스티브 잡스와 조너선 아이브는 1998년 5월에 그 유명한 아이맥을 선보였다. 아이맥을 발표하는 자리에서 잡스는 먼저 베이지색이나 회색빛을 띤 상자 모양의 평범한 컴퓨터 사진을 여러 장 보여 주었다. 평범한 컴퓨터를 한심하다는 듯 쳐다보며 잡스가 "오늘 이후 달라질 컴퓨터의 새로운 모습을 제시하겠습니다."라며 운을 뗐다. 그리고 나서 테이블 위에 씌웠던 천을 걷어 내자 조명을 받은 아이맥이 청중 앞에 공개되었다. 우아한 곡선의 청록색 아이맥을 처음

본 청중들은 환호를 터뜨렸다. 환호성을 들으며 잡스는 자랑스럽게 말했다.

"다른 제품과 비교하면 마치 다른 행성, 아주 좋은 행성에서 온 것처럼 보이지요. 더 훌륭한 디자이너가 있는 행성에서 말입니다."

이때 선보인 아이맥은 오스트레일리아 시드니 본다이 해변을 떠올리게 해서 본다이 블루라는 별칭으로도 불렸다. 아이맥은 본체와 모니터가 일체형으로, 속이 비치는 청록색의 반투명 케이스를 씌운 독특한 디자인을 한 컴퓨터였다. 애플에 복귀해 인터넷을 비롯한 각종 네트워크 접속에 이용되는 저렴한 컴퓨터를 개발하려 했던 잡스는 조너선 아이브의 디자인을 채택해 아이맥을 출시하였다. 아이맥의 디자인은 그 당시로는 너무 파격적이었다. 반투명한 청록색 케이스도 그랬고, 본체와 모니터를 유선형으로 일체화한 형태도 매우 파격적이었다. 하지만 투명한 젤리 사탕에서 영감을 얻은 아이맥의 디자인은 베이지색 플라스틱 상자로만 인식되던 컴퓨터에 대한 이미지를 완전히 뒤바꿔 놓았다.

아이맥은 오랫동안 적자에 시달리던 애플의 재정 상황을 단번에 회복시킬 만큼 성공적이었다. 아이맥은 1998년 8월부터 판매를 시작한 뒤 그해 말까지 80만 대가 팔리며 애플 역사상 가장 빠르게 판매된 컴퓨터로 기록되었다. 아이맥의 출시로 매출이 37퍼센트나 늘어 스티브 잡스와 애플은 재기의 발판을 마련할 수 있었다.

아이맥이 크게 성공하자 색깔과 디자인을 모방한 제품들이 우후죽순처럼 쏟아져 나왔다. 경쟁 제품들은 하나같이 모니터와 본

더 훌륭한 디자이너가 있는
행성에서 온 것처럼 보이지요.

1999년 다섯 가지 색상의 모델이 출시된 아이맥 C형.

체를 하나로 통합하고, 반투명 재질에 화려한 색상을 넣어 아이맥의 디자인을 모방했다. 이를 두고 빌 게이츠는 애플이 만든 아이맥의 판매 호조는 오로지 색깔 때문이라고 비아냥거렸다. 그는 빨간색으로 칠한 윈도 PC를 장난스럽게 가리키며 "지금 애플이 앞서 가는 단 한 가지는 바로 색깔뿐입니다."라고 했다. 아이맥의 색깔과 디자인이 별스러워 사람들의 주목을 끌었다고 생각한 빌 게이츠는 아이맥의 성공을 일시적 유행으로 치부했다.

스티브 잡스는 빌 게이츠의 이 같은 발언에 대해 몹시 분개했다. 잡스는 빌 게이츠가 미적 감각이 형편없는 건 말할 것도 없고 아이맥이 성공한 핵심 이유조차 모르는 경영자라며 그의 말은 들을 가치도 없다고 일축했다.

잡스가 보기에 빌 게이츠를 비롯해 모방 제품을 만드는 경쟁자들이 결코 이해하지 못하는 점이 있었다. 그들은 아이맥을 겉으로 드러난 모습으로만 평가하려 했다. 그래서 빌 게이츠처럼 형편없는 컴퓨터에도 색깔만 칠하면 아이맥과 똑같아지고 성공할 수 있을 거라고 착각했다. 그저 색깔과 겉모습을 따라하고는 아이맥처럼 디자인했다고 생각한 것이다. 잡스의 말처럼 사람들은 흔히 디자이너가 손을 대는 부분은 제품의 겉모습이라고 착각한다. 디자인을 잘하기 위해서는 그저 제품을 보기 좋게 만들기만 하면 되는 줄 안다. 하지만 잡스에게 디자인은 그런 게 아니었다.

잡스는 2000년 「포춘」과의 인터뷰에서 디자인에 대해 이렇게 말했다. "많은 사람들이 디자인을 겉치장이라고 생각합니다. 인테리어 장식 혹은 커튼이나 소파의 직물 정도가 디자인이라고 여기지요. 하지만 내가 생각하는 디자인의 의미는 이런 것과는 거리가 멉니다. 디자인은 인간이 만들어 낸 창조물의 근원을 이루는 영혼입니다. 제품이나 서비스의 연속적인 바깥층에 그것 스스로를 표현하는 것입니다."

어떤 제품이든 인간이 만들어 낸 모든 창조물은 그 나름의 본질적 역할, 즉 만들어진 목적을 갖고 있다. 잡스에게는 그것이 창조물의 영혼이며, 그것이 디자인이었다.

사람들은 아이맥의 성공이 아이맥의 겉모습, 즉 색깔과 스타일 때문이라고 생각한다. 사실 독특한 외부 디자인과 색깔은 아이맥의 성공에 크게 기여했다. 하지만 스티브 잡스는 아이맥이 창조물의 근원을 이루는 영혼을 담고 있었기 때문에 성공했다고 생각했다. 컴퓨터라는 인간 창조물의 영혼은 소비자가 직관적으로 인터페이스를 이용해 쉽고 편리하게 사용할 수 있도록 하는 것이다. 설사 몇몇 사람이 색깔과 스타일 때문에 아이맥을 산다고 해도 영혼이 없다면, 다시 말해 컴퓨터가 제대로 작동하지 않고 쓰기에 불편하다면 성공할 수 없다.

아이맥은 주로 네트워크 접속에 이용되는 가정 소비자 시장을 노린 데스크톱 컴퓨터였다. 이미 컴퓨터 사용이 보편화되었지만 그때까지도 컴퓨터는 집에서 쓰기에는 여전히 딱딱하고 어려운 느낌이 있었다. 아이맥은 사람들이 최대한 쉽고 친근하게 쓸 수 있는 컴퓨터였다. 케이블 더미와 두꺼운 설명서가 첨부된 베이지색의 다른 컴퓨터와는 달리 아이맥은 설치하고 사용하는 과정이 아주 단순했다. 우아한 흰색 박스를 열고 아이맥 상단에 있는 귀여운 손잡이를 잡고 꺼내서 벽에 코드를 꽂기만 하면 설치가 끝났다. 그리고 전원 스위치를 누르면 매킨토시와 마찬가지로 그래픽 사용자 인터페이스를 이용해 컴퓨터의 다양한 기능을 쉽고 편리하게 사용할 수 있었다.

잡스는 이것이 컴퓨터의 영혼이고, 디자인의 본질이라고 보았다. 반투명 청록색이나 유선형의 곡선, 손잡이와 같이 테크놀로지를 친근하게 느끼도록 한 아이맥 디자인은 영혼이 결국 여러 겹의 표면들을 통해 스스로를 표현하는 것이라고 보았다.

본다이 블루 아이맥을 1998년 8월에 출시한 이후 잡스는 1999년 1월에 중앙처리장치와 디스크 및 그래픽 성능 등을 향상시키고, 케이스 색상을 다섯 가지로 늘린 C형을 출시하였다. 또 같은 해 4월에는 D형을, 10월에는 DV/SE 버전을 출시하였다. 2002년 1월에 출시된 G4 모델은 그때까지의 아이맥과는 전혀 다른 모습이었다. G4 모델은 전기스탠드 모양의 디스플레이 일체형 제품으로 디스플레이 장치의 위치나 각도를 조정할 수 있었다. 모토로라의 파워 PC G4 프로세서를 채택하고, DVD-R 드라이브를 탑재하는 등 보통의 퍼스널 컴퓨터보다 성능이 뛰어났다. 2004년 9월에는 모니터와 본체를 한데 묶은 올인원 방식의 아이맥 G5를 출시하였다. 이 제품은 성능을 크게 향상시키면서도 약 5센티미터 두께의 평면 모니터 내부에 전원 공급 장치를 비롯해 하드디스크, 드라이브, 스피커 등 본체의 모든 부품을 장착하고 있었다.

　　아이맥은 G4 모델부터 겉모습과 재질 등이 완전히 바뀌었다. 하지만 아이맥은 여전히 '디자인은 겉모습이 아니라 창조물의 근원을 이루는 영혼'이라는 원칙에 의해 만들어졌다. 아이맥이 오늘날에도 사랑받는 이유는 사용자의 경험을 최대한 만족시키기 위해 디자인된 컴퓨터이기 때문이다.

잡스 사용법
36

사용하기 쉽게 만드는 것이
디자인이다

2000년에 디자인을 '인간이 만들어 낸 창조물의 근원을 이루는 영혼'이라고 다소 추상적으로 정의했던 스티브 잡스는 2003년 「뉴욕타임스」와의 인터뷰에서 "디자인이란 제품의 외양이 어떻게 보이고, 어떻게 느껴지는가의 문제가 아니다. 디자인은 그 제품이 어떻게 작동하는가에 대한 것이다."라고 보다 더 구체적으로 정의를 내렸다. 이전에도 잡스는 비슷한 말을 했다. 1996년 「와이어드」와의 인터뷰에서는 "어떤 사람들에게 디자인은 어떻게 보이는가를 의미한다. 하지만 조금 더 깊이 파고들면 디자인이란 그것이 어떻게 작동하는가에 대한 것임을 알 수 있다. 맥의 디자인은 어떻게 보일 것인가의 문제가 아니었다. 물론 그것이 전체 디자인의 일부분이었지만, 더 근원적인 것은 '맥이 어떻게 작동할 것인가'였다. 디자인을 진짜로 잘하고 싶다면 그것을 알아야 한다."라고 말했다.

잡스의 이런 말들은 근대 건축의 선구자로 불리는 루이스 설리번의 디자인 원칙과 비슷했다. 미국의 건축가 루이스 설리번은 "형태는 기능을 따른다. Form Follows Function"라는 유명한 말을 남겼다. 오늘날까지 이 말은 건축가나 디자이너에게는 하나의 원칙처럼 받아들여지고 있다. 설리번은 사물의 형태를 결정하는 원리는 내적인 필요성에 있으며 그에 따라 형태는 사물의 기능과 목적에 의해 결정된다고 보았다. 그는 전통을 답습하는 건물이 아니라 건물의 형태가 기능을 표현해야 한다는 신념을 자신의 건축에 구현했고, 그의 기능주의는 20세기 디자인을 지배했다. 못은 뚫는 기능이 있기 때문에 끝이 뾰족한 형태고, 거울은 얼굴을 바르게 비추기 위해 표면이 매끄러운 형태를 하고 있다는 것이다. 자연의 동식물이 지닌 형태 역시 마찬가지 원리다. 날개를 펼쳐 하늘을 나는 독수리, 피어나는 꽃봉오리의 형태는 모두 기능을 따른다. 잡스 역시 형태는 기능 즉 작동법의 반영이라고 생각했기 때문에 디자인은 제품이 어떻게 작동하는가의 문제라고 말한 것이다.

맥이나 아이맥에서 겉으로 보이는 색깔과 모습은 전체 디자인의 일부분이기는 했지만, 디자인에서 보다 근원적인 것은 맥이나 아이맥이 '어떻게 작동할 것인가' 였다. 컴퓨터의 기능을 잘 쓸 수 있도록 하는 것이 디자인이었다. 잡스에게 컴퓨터 디자인은 소비자가 직관적으로 인터페이스를 이용해 쉽고 편리하게 컴퓨터를 사용할 수 있도록 하는 일이었다.

아이팟의 디자인도 마찬가지였다. 2001년 10월에 처음 출시된 아이팟은 휴대용 뮤직 플레이어였다. 아이팟은 모서리가 둥근 직사각형의 순백색을 띤 MP3 재생기였다. 아이팟의 외부 디자인은 새하얀 표면에 윗면에는 소형 흑백 LCD 화면이, 그 아래에는 트랙휠이라고 부르는 큼지막한 휠이 있는 극히 단순하고 간결한 모습이었다. 실제로 많은 사람들은 돌아가는 큼지막한 트랙휠의 모습이 아이팟 디자인의 특징이라고 이야기한다. 하지만 잡스는 그것은 디자인의 일부이며 진짜 디자인은 트랙휠을 이용해 직관적으로 음악을 들을 수 있는 인터페이스라고 보았다. 트랙휠을 엄지손가락으로 돌리면 화면에 재생 목록이 스크롤됐다. 그는 이 트랙휠을 돌려 어떤 노래든 세 번 이내에 찾고 재생할 수 있도록 만들었다. 편하고 단순하게 쓸 수 있도록 아이팟에서는 재생 목록을 만들 수 없도록 하고 대신 컴퓨터에 있는 아이튠즈에 재생 목록을 만든 다음 아이팟에 동기화하도록 하였다. 아이팟에는 그 흔한 전원 스위치도 없었다. 잡스에게 전원 스위치는 불필요한 장치였다. 사용하지 않을 때는 자동으로 '동면' 상태에 들어갔다가 사용자가 아무 버튼이나 누르면 다시 깨어나도록 했다. 잡스에게는 이 모든 것이 아이팟의 디자인이었다. 아이팟이라는 휴대용 뮤직 플레이어의 '창조물의 근원을 이루는 겉으로 보이는 색깔과 모습은 전체 디자인의 일부이다.

2009년 9월 샌프란시스코의 애플 특별 이벤트에서 발표된 아이팟 나노. ⓒEPA/MONICA M. DAVEY

영혼'은 쉽고 편하게 원하는 음악을 듣는 것이었다. 기기가 만들어진 목적이 그랬기 때문에 아이팟의 디자인은 제품이 어떻게 작동하는가의 문제, 즉 쉽고 편하게 음악을 들을 수 있도록 하는 것에 집중되었다.

오늘날 아이팟은 클래식, 나노, 셔플, 터치 등 여러 모델로 나와 있다. 아이팟 클래식은 처음 출시된 아이팟과 비슷하지만 나노, 셔플, 터치 등은 전혀 다른 모습이다.

아이팟 셔플은 액정 화면 없이 버튼만 있다. 음악 재생만 가능하지만, 재생되는 노래 순서를 무작위로 바꿔 주는 셔플 기능이 있어서 굉장한 인기를 끌었다. 반짝거리는 알루미늄으로 만든 셔플은 은색, 파랑, 초록, 주황, 분홍 등 모두 다섯 가지 색깔로 출시되었고, 클립이 있어서 셔츠, 운동복, 가방끈 등에 쉽게 달 수 있다. 아이팟 나노는 셔플과 반대로 휠이 없고 멀티터치 기능이 있는 액정 화면만 있다. 컬러 화면의 큼지막한 아이콘을 눌러 좋아하는 음악을 들을 수도 있고, 라디오를 들을 수도 있고, 운동량을 측정할 수도 있고, 시계를 볼 수도 있다. 셔플처럼 클립이 있어서 어디에든 달 수 있다. 아이팟 터치는 아이폰과 아주 흡사한 디자인으로, 터치스크린을 눌러 검색하고, 듣고, 읽고, 볼 수 있다. 터치에는 아이폰이나 아이패드와 마찬가지로 iOS 5 운영 체계가 탑재되어 음악재생 뿐만 아니라 200가지 이상의 새로운 기능을 사용할 수 있다. 음악, 사진, 동영상 등을 듣고 볼 수 있을 뿐만 아니라 와이파이Wi-Fi를 통해 다른 iOS 5 기기로 문자 메시지를 보낼 수 있고, 동영상을 촬영하고

형태는 가능을 따른다. Form Follows Function

바로 편집을 할 수도 있고, 게임을 할 수도 있다. 아이팟 터치는 전화 기능만 없는 아이폰이라고 할 정도로 아이폰에서 이용하는 대부분의 애플리케이션을 쓸 수 있고, 터치에 담긴 콘텐츠는 무엇이든 iOS 5가 설치된 다른 기기로 쉽게 옮길 수 있다.

아이팟 클래식, 나노, 셔플, 터치는 이처럼 고유의 기능이 잘 작동되도록 외부 디자인과 재질을 달리하고 있지만 휴대용 뮤직 플레이어라는 본래의 기능은 공통적으로 가지고 있다. 모두 음악을 잘 들을 수 있도록 디자인되어 있다. 그런 점에서 보면 겉모습은 달라도 같은 디자인인 것이다.

맥, 아이맥, 아이팟뿐 아니라 아이폰, 아이패드 등 잡스와 애플이 만든 모든 혁신적인 제품들은 모두 만들어진 목적에 따라 잘 작동할 수 있도록 디자인되어 있다. 이런 혁신적인 제품들의 디자인에서 중요한 것은 아이맥의 색깔이나 아이팟의 트랙휠이나 아이폰의 멀티터치 유리 스크린과 같은 겉모습이 아니다. 그것은 디자인의 일부며 전체 디자인은 기기들이 만들어진 목적을 잘 구현할 수 있도록 하는 모든 것이다. 휴대용 뮤직 플레이어인 아이팟은 음악을 쉽고 편하게 잘 들을 수 있고, 스마트폰인 아이폰은 스마트폰의 여러 기능을 직관적으로 쉽게 사용할 수 있고, 태블릿 PC인 아이패드는 들고 다니면서 컴퓨터의 모든 기능을 편하게 이용할 수 있어야 했다. 이를 위해 잡스는 혁신적인 제품들은 사용자 경험에 기반해 직관적으로 쓸 수 있도록 최대한 단순해야 한다고 생각했다. 잡스에게는 그것이 바로 디자인이었다.

잡스 사용법
37

디자인은 포괄적이고 단순해야 한다

스티브 잡스는 단순한 것을 좋아했다. 잡스는 1973년 리드 대학을 중퇴한 후, 오리건 주의 사과 농장인 올 원 팜에서 히피 공동체 생활을 했다. 그리고 그곳에 기거하던 일본 선불교 승려인 오토가와 고분을 만나 선불교에 입문했다. 이후 오토가와 고분이 2002년 사망할 때까지 잡스는 항상 그를 정신적 스승으로 생각하고 의지했다. 많은 사람들은 잡스가 단순함을 추구했던 것은 일본 선불교의 영향이라고 한다.

캘리포니아 주 팔로알토 웨이벌리 거리 2101번지에는 잡스가 죽기 전까지 살았던 2층짜리 집이 있다. 잡스의 집은 세계 최고의 부자 중 한 사람의 집이라고 보기에는 너무 단순하고 수수하다. 넓은 정원에는 사과나무 일곱 그루만 자라고 있고, 넓은 거실에 가구라고는 일본계 미국인 가구 디자이너 조지 나카시마가 만든 라운지 암 체어 하나만 놓여 있었다. 잡스는 사는 것뿐만 아니라 먹는 것도 단순했다. 철저한 채식주의자로 주로 견과류와 물을 먹었으며, 일주일 이상을 단식을 하거나 로만 밀에서 나오는 시리얼 제품만 먹기도 했다. 입는 것도 단순했다. 잡스는 일본 출신의 세계적 디자이너 이세이 미야케에게 특별 주문한 검은색 터틀넥을 입고 다녔다. 잡스는 애플의 신제품 발표회장에 이 검은색 터틀넥과 리바이스 501 청바지를 입고 뉴발란스의 스니커즈를 신고 등장하곤 했다. 발표회장에서도, 애플에 출근할 때도, 집에서도 이 스타일을 고수했다. 그것도 한두 해가 아니라 무려 20년 넘게 이 단순한 패션을 고집했다. 잡스는 이처럼 삶의 모든 것에서 단순함을 추구했다.

　　잡스는 자신의 삶과 패션 스타일뿐만 아니라 자신이 만든 제품에서도 언제나 단순함을 추구했다. 잡스는 처음에는 소니의 전자제품처럼 한눈에 봐도 소니 스타일임을 알 수 있는 어두운 색깔의 딱딱한 사각형 디자인을 선호했다. 그러나 1981년 6월 애스펀에서 열린 국제 디자인 콘퍼런스에 참석하고 나서 생각이 바뀐다. 여기서 잡스는 바우하우스 스타일의 디자인을 만났다. 바우하우스는 독일의 건축가 발터 그로피우스가 미술과 공예, 건축 등을 가르치기 위해 1919년에 독일의 바이마르에 세운 교육기관으로, 장인 정신과 예술을 결합한 합리주의와 기능주의 정신을 추구했다. 바우하우스 스타일은 깔끔한 선과 형태의 군더더기 없는 디자인으로 실용성을 높인 점이 특징이다. 1930년 바우하우스의 마지막 학장으로 재직했던 루드비히 미스 반데어로에는 "적을수록 많다. Less is More"라는 유명한 말로 20세기의 디자인 미학을 표현했다. 이 말은 장식이 적을수록 의미는 풍부해지며, 형식을 절제할수록 본질에 가까워진다는 뜻을 담고 있다. 이후 나치의 박해를 피해 미국에 간 그로피우스가 하버드 대학교 건축부장으로, 미스 반데어로에가 일리노이 공과대학 건축학부장으로 부임하면서 바우하우스의 이념은 미국에서 발전하게 된다.

이런 바우하우스의 디자인 철학에 영향을 받은 잡스는 이후 바우하우스 디자인을 연상시키는 밝고 단순한 스타일로 제품을 만들길 원했다. 이를 구현한 첫 제품이 1984년 태어난 원조 매킨토시다. 매킨토시는 본체와 모니터를 일체화하면서 크기와 무게를 크게 줄인 컴퓨터였다. 하얀 플라스틱 케이스로 둘러싸인 매킨토시는 폭스바겐의 비틀처럼 유행을 타지 않는 클래식하고 단순한 디자인이었다. 하지만 1985년 스티브 잡스가 애플에서 쫓겨나면서 원조 매킨토시가 보여 준 친근하고 깔끔한 디자인은 애플에서 잠시 사라진다. 오늘날 전 세계인의 취향을 바꿔 버린 애플의 독특한 디자인은 1997년 스티브 잡스의 복귀와 함께 다시 시작된다. 더 정확히 말하자면 스티브 잡스와 디자이너 조너선 아이브라는 환상적인 팀의 합작물로 다시 선보인다. 두 사람은 1998년 선보인 반투명 청록색 아이맥부터 최근의 아이폰, 아이패드에 이르기까지 군더더기 없는 기능주의 디자인의 진수를 보여 준다. 두 사람이 디자인에서 가장 중요하게 생각하는 것은 바로 단순함이다.

　잡스가 단순함을 추구한 것은 단순히 선불교나 바우하우스 디자인의 영향 때문이라고만은 할 수 없다. 단순하게 디자인한 제품일수록 소비자가 직관적으로 사용 방법을 알 수 있어 이용하기 편리하다는 사실을 깨달았기 때문이다. 잡스가 보기에 다른 회사의 제품들은 모든 것을 기기 속에 다 집어넣으려고 애쓰다보니 너무 복잡해져 쓸모가 없었다. 잡스는 2006년 10월 14일 「뉴스위크」와의 인터뷰에서 아이팟 디자인에서 배울 수 있는 교훈이 무엇이냐는 질문을 받았다. 잡스는 외관이 복잡한 제품을 가리키며 "우리는 훨씬 더 포괄적이고 단순하게 만들려고 노력했다."라고 대답한다. 그렇게 만들어야 '창조물의 근원을 이루는 영혼'이 표면으로 드러나고, 창조물이 만들어진 목적에 맞게 제대로 작동한다고 보았던 것이다.

　복잡한 기능이 있는 제품을 복잡하게 디자인하는 것은 쉽다. 단순한 기능이 있는 제품을 단순하게 디자인하는 것도 쉽다. 하지만 복잡한 기능이 있는 제품을 직관적으로 쓰기 쉽게 단순하게 디자인하는 것은 어렵다. 잡스는 복잡한 것을 단순하게 만들기 위해서는 불필요한 요소를 하나씩 제거해야 한다고 생각했다. 그에게 새로운 것을 만드는 것은 거기에 있어야 할 것과 없어야 할 것 사이에 균형을 잡는 일이었다. 잡스는 단순한 디자인을 고민할 때 마치 양

단순하고 간결한 디자인을 선보인 아이폰.

장식적 요소라고는
둥글게 처리된 모서리가 유일하다.

파 껍질을 벗기듯 문제를 하나씩 벗기다보면 우아하고 간단한 답을 얻을 수 있다고 했다. 하지만 대부분의 사람들은 이런 해결책을 얻기까지 많은 시간과 에너지를 소모하지 않는다. 잡스와 애플은 많은 시간과 에너지를 들여 사용자들이 쓰기 쉬운 제품을 만들고자 했고, 그 결과로 단순한 디자인의 아이팟이 나오고, 아이폰과 아이패드가 나올 수 있었다.

사실 오늘날 최고의 디자인 제품이라고 평가받는 아이폰이나 아이패드에서 장식적 요소라고는 둥글게 처리된 모서리가 유일하다. 이렇게 간결하고 단순한데도 이 제품들은 우아하고 세련된 느낌을 준다. 또 이렇게 단순한데도 아이폰은 최고의 스마트폰으로 평가되고 아이패드는 최고의 태블릿 PC로 평가된다. 그 이유는 혁신적인 제품들이 만들어진 이유에 맞게, 쓰임새에 맞게 모든 기능을 최대한 쉽게 사용할 수 있도록 복잡한 것을 단순하게 디자인했기 때문이다.

잡스 사용법
38

디자인은 인간의 경험에 대한 이해에서 시작된다

스티브 잡스는 제품을 디자인하고 만들 때 사용자 경험을 무척이나 강조한다. 사용자 경험 User Experience 이란 사용자가 시스템, 제품, 서비스 등의 직·간접적인 이용으로 얻게 되는 총체적 경험을 말한다. 기술을 효용성 측면에서만 판단하는 것이 아니라 사용자의 삶을 질적으로 향상시켰는가를 이해하기 위해 이 개념을 사용한다. 긍정적인 사용자 경험을 많이 만들수록 사용자의 만족도는 높아지고, 브랜드 충성도 역시 올라간다.

잡스는 사용자 경험을 높이기 위해서는 제품을 만들고 디자인할 때 인간의 경험을 폭넓게 이해하고 있어야 한다고 생각했다. 잡스는 1996년 2월 「와이어드」와 인터뷰를 하면서 상품다운 상품을 찾아보기 어렵다고 한탄한다. 잡스는 IT 업계에 종사하는 많은 사람들이 다양한 경험을 하지 못했기 때문에 폭넓은 시각으로 문제를 해결하지 못하고 단선적인 해법만 찾는다고 보았다. 그리고 "인간 경험에 대한 이해가 광범위할수록 더 나은 디자인을 만들어 낼 수 있다."라는 결론을 내렸다. 잡스는 인간에 대한 이해를 바탕으로 사람들이 필요로 하는 제품을 생각하고, 그것에 맞게 쉽고 편하게 쓸 수 있는 사용자 인터페이스를 고안하여 적합한 디자인으로 만든다면, 사용자들은 원하는 목적에 맞게 제품을 사용하면서 큰 만족을 얻을 수 있다고 생각했다.

　　잡스와 애플이 만든 모든 혁신적인 기기들은 그것을 사용하는 인간의 경험에 대한 이해를 바탕으로 디자인되었다. 아이폰의 디자인 역시 스마트폰을 사용하는 사람에 대한 이해로부터 시작해 사용자 경험을 높이기 위한 방향으로 개발되었다. 잡스가 보기에 아이폰보다 먼저 나와 있던 다른 스마트폰들은 전혀 스마트하지 않았다. 휴대전화, 이메일, 인터넷 검색 기능을 그저 복잡하게 한데 묶어 놓은 스마트폰은 사용하기 불편했다. 가장 진화된 휴대전화라는 말과는 달리 모든 스마트폰에는 하나같이 하단에 40개가 넘는 버튼이 있었다. 필요할 때든 아니든 플라스틱으로 만든 키보드가 항상 똑같은 형태로 떡 버티고 있었다. 응용프로그램에 따라 필요로 하는

2011년 3월 샌프란시스코 예르바 부에나 아트센터에서 열린 아이패드 2 발표 행사. ⓒAP/Jeff Chiu

디자인은
인간의 경험에 대한 이해에서 시작된다.

버튼식 키보드의 형태와 조합은 조금씩 다른데도 말이다. 이런 키보드는 스크린이 차지하는 공간을 잡아먹을 수밖에 없어서 디자인에 제약이 많았다.

　잡스는 스마트폰을 처음부터 다시 디자인했다. 검색 휠, 스타일러스, 키보드 등 기존의 스마트폰이 갖고 있던 사용자 인터페이스와 디자인을 과감하게 버렸다. 대신 두 개의 손가락을 동시에 사용할 수 있는 멀티터치 인터페이스를 채택했다. 아이폰은 멀티터치를 구현하기 위해 화면을 넓게 만들었다. 그리고 유동성이 높은 터치스크린 키보드를 채택했다. 전화기로 사용할 때는 터치만 하면 숫자판이 뜨고, 메시지를 보내기 위해 글을 입력하고자 할 때는 글자판이 뜬다. 음악을 듣고 싶을 때는 MP3 플레이어처럼 음반 목록과 재생 기능이 나타난다. 하지만 사진이나 동영상을 볼 때는 모두 사라지는 등 사용자가 원하는 대로 선택할 수 있는 방식이다.

　결과적으로 아이폰은 단순하게 큰 화면과 홈 버튼 하나로 이루어진 과감한 디자인을 선보일 수 있었다. 그래서 "지나칠 만큼 깔끔하고 단순한 외형을 자랑하는 아이폰은 애플 제품 중에서도 최고의 디자인 경지를 보여 준다."는 평가를 받았다. 그때까지 애플의 최고 히트 상품이었던 아이팟이 3,000만 대 팔릴 때까지 4년이 넘는 시간이 걸렸는데, 아이폰은 그 기록을 2년 4개월로 단축시켰다.

　아이패드도 사용자 경험을 고려해 스크린의 크기를 결정하는 것부터 디자인이 시작되었다. 먼저 나와 있던 일부 태블릿 PC가 주머니에 쏙 들어가는 크기로 소비자를 유혹했지만 아이패드는 디스플레이가 충분히 가능한 큰 스크린이 필수적이라고 생각했다.

췌장암으로 죽음을 앞두고 있었음에도 잡스는 2011년 3월 2일 열린 특별 이벤트에 직접 나와 보다 진화된 아이패드 2를 발표했다. 그 자리에서 잡스는 아이패드를 따라 만든 수많은 유사 태블릿 PC를 경계하며 스크린 크기의 차이를 강조했다. 스크린의 척도는 대각선 길이다. 10인치 아이패드에 비해 7인치 태블릿 PC는 단순히 3인치가 줄어든 것이 아니다. 7인치 태블릿 PC는 10인치 아이패드에 비해 스크린의 넓이가 45퍼센트밖에는 안됐다. 잡스는 "인간의 손가락을 4분의 1 크기로 갈아 버릴 사포를 같이 넣어줄 게 아니라면" 태블릿 PC의 최소 크기는 10인치가 적당하다고 강조했다. 태블릿 PC를 들고 다니면서 원하는 콘텐츠를 보고 문서 작성을 하려면 최소한 그 정도의 사이즈가 필수였다. 잡스는 삼성의 갤럭시탭을 필두로 하는 7인치 태블릿 PC는 화면과 자판이 너무 작아 "출시하는 즉시 사망할 운명"이라며 적개심까지 표현했다. 잡스가 보기에 7인치 태블릿 PC는 아이맥의 색깔을 흉내 낸 제품들처럼 인간의 경험에 대한 이해 없이 그저 크기만 줄인 모방 제품이었다.

아이폰과 아이패드는 단순하고 세련된 외부 디자인만으로도 훌륭한 제품이다. 하지만 그걸 더 강력하게 만든 것은 아이폰과 아이패드에 탑재된 iOS이다. iOS는 모바일 기기를 위해 완전히 다시 만들어진 데스크톱급 운영 체계이다. iOS는 애플의 데스크톱 운영 체계인 OS X에 기반을 두고 있어 빠른 성능과 탄탄한 안정성을 자랑한다. 흔히 아이폰과 아이패드의 장점으로 단순한 디자인과 함께 멀티터치 스크린이 대단히 정밀하고 반응성이 뛰어나다는 점을 든다. 반응성이 뛰어난 멀티터치 스크린은 애플이 실험실에서 3~4년 동안 사람들의 터치 동작을 연구하고 그것을 하나하나 치밀하게 규정한 결과이며, iOS라는 앞선 모바일 운영 체계가 있었기 때문에 가능했다. 아이폰과 아이패드는 운영 체계인 iOS로 멀티터치 인터페이스와 하드웨어, 네트워크를 결합시킨 최고의 스마트폰과 태블릿 PC로 강력한 힘을 발휘했다.

아이폰과 아이패드의 사용자들은 전원 스위치를 켜면 나타나는 초기 화면에서 단순하고 아름다운 아이콘을 선택해 손가락으로 누르기만 하면 모든 것을 할 수 있다. 전화를 하고, 영상통화를 하고, 사진을 찍고, 동영상을 촬영하고, 웹 서핑을 하고, 이메일을 보내고, 책을 읽고, 신문을 보고, 영화를 보고, 음악을 듣고, 피아노를 연주하고, 은행 업무를 보는 등 원하는 모든 것을 아이폰과 아이패드로 할 수 있다. 그저 손가락을 움직이는 것만으로 말이다.

아이폰과 아이패드의 등장 이후 스마트폰과 태블릿 PC 시장은 엄청난 규모로 성장하고 있다. 애플은 그 안에서 삼성과 노키아, 구글 등과 치열하게 경쟁하고 있다. 애플과 경쟁사들은 서로 특허와 관련된 소송도 불사한다. 기업이 지식재산권을 지키려는 것은 충분히 이해가 가지만 무리한 소송으로 소비자의 선택권을 제한하는 것은 적절치 못하다. 현재 아이폰과 아이패드가 직면한 가장 큰 도전은 소송이나 경쟁사의 제품이 아니다. 그것은 사용자들의 욕구가 '소비'에서 '창조'로 옮겨 가고 있다는 것이다. 아이폰과 아이패드는 콘텐츠를 선택하고 즐기기는 좋지만 새로운 정보를 만들고 집어넣는 데는 아직도 제약이 많다. 물론 창조의 측면에서도 아이폰과 아이패드는 여전히 다른 경쟁 제품보다는 낫다. 하지만 소비자가, 사용자가 원하는 것은 항상 최고의 제품임을 잊지 말아야 한다. 창조와 관련된 인간의 경험을 이해해 보다 더 진일보한 제품을 만들어 내는 것은 끝이 없다. 애플은 그 길로 나아가야 한다.

잡스 사용법

39

자신이 진정으로 쓰고 싶은 제품을 디자인하라

　새로운 제품과 서비스를 개발하고 디자인할 때 개발자들은 과연 소비자들이 무슨 생각을 하고 어떤 걸 중요하게 생각하는지를 가장 궁금해 한다. 그것을 알아내기 위해서 기업은 시장조사를 한다. 소비자들에게 다음에는 어떤 제품을 원하는지 직접 묻거나, 소비자를 대표하는 표본 집단을 통해 제품에 관한 의견을 수렴한다.
　많은 혁신적인 제품을 만들고 사용자 경험을 중시한 잡스는 과연 어떤 방법으로 소비자의 생각을 읽어 냈을까? 1998년 아이맥을 시장에 선보인 후 「비즈니스위크」는 잡스에게 고객 수요에 대한 조사를 하고 있느냐고 질문을 했다. 잡스는 다음과 같이 천연덕스럽게 대답했다.

"우리는 수많은 고객이 있습니다. 매킨토시를 사용하고 있는 고객에 대한 조사는 이미 실시했습니다. 뿐만 아니라 업계의 트렌드도 매우 꼼꼼하게 살피고 있습니다. 하지만 결과적으로 보자면 이런 복잡한 뭔가를 개발할 때 대표 집단만의 인터뷰에 따라 제품을 디자인하기란 정말 어려운 일입니다. 대부분의 경우 사람들은 실물을 보여 주기 전에는 자신이 무엇을 원하는지 알지 못합니다."라고 천연덕스럽게 대답했다. 2008년 「포춘」과의 인터뷰에서는 자동차 왕 헨리 포드Henry Ford의 명언을 인용해 답한다. 잡스는 "고객들에게 무엇을 원하는지 물어보았다면 그들은 아마 '더 빨리 달리는 말을 원해요.'라고 대답했을 것이다."라는 헨리 포드의 말을 인용하면서 그저 사람들에게 가서 "다음엔 어떤 대단한 상품을 원하시나요?"라고 물어봐야 별 소용이 없다고 답했다. 실제로 잡스는 보통의 기업처럼 소비자 계층을 대표하는 포커스 그룹을 대상으로 시장조사를 하거나 컨설턴트의 자문을 받지 않았다.

스티브 잡스의 이런 말들은 듣기에 따라서는 마치 애플이 신제품을 만들 때 소비자의 욕구나 목소리에는 전혀 신경 쓰지 않는 거만한 기업이라는 오해를 불러올 수 있다. 하지만 잡스나 애플은 누구보다도 더 소비자의 욕구나 사용자 환경에 신경 썼다. 실제로 애플에서는 모든 일을 할 때 "사용자가 얼마나 쉽게 사용할 수 있는

2010년 샌프란시스코에서 아이패드를 발표하는 잡스. ⓒAP/Paul Sakuma

고객에게 묻지 말고
자신이 사용하고 싶은 제품을 디자인하라.

가? 사용자에게 얼마나 대단한 제품이 될 것인가?"를 제일 먼저 생각했다. 시장조사나 고객수요 조사도 하지 않고 어떻게 생각만으로 소비자의 욕구를 반영했을까? 잡스가 신제품을 만들 때 어떤 생각을 했는지는 2008년 「포춘」과의 인터뷰에 잘 드러나 있다.

"우리가 하려는 것은 대중문화를 뒤쫓거나 소비자를 속이는 기술 혹은 사람들이 원치 않는 것을 원한다고 믿도록 만드는 그런 값싼 전략이 아닙니다. 가장 먼저 생각해야 하는 것은 우리가 무엇을 원하고 있느냐 하는 질문입니다. 애플은 다른 많은 사람들도 그 상품을 원하게 될지 충분히 생각한 끝에 제품을 만드는 문화가 잘 발달해 있습니다. 그런 일을 하려고 월급을 받는 것이 아닌가요?"

잡스는 자신의 욕망과 소비자의 욕망이 별로 다르지 않다고 생각했다. 그렇기 때문에 소비자가 아닌 자신이 무엇을 원하는지 이해하기 위해 노력했다. 시장조사를 하겠다며 소비자를 찾아가서 "다음번에 히트를 칠 만한 제품은 무엇일까요?"라며 물어보지 않았다. 그저 스스로에게 "내가 원하는 것은 과연 무엇인가?"라고 묻는 것이 제일 먼저 해야 할 일이었다. 그리고 자기가 쓰고 싶은 제품을 만들었다.

2005년 잡스는 휴대폰 시장에 진입하기 위해 모토로라의 휴대전화에 아이팟을 탑재해 로커를 만들었다. 로커가 편리하지도, 매력적인 디자인을 갖추지도 못한 그저 그런 제품임이 판명되자 잡스는 "우리끼리 하자."라고 직원들에게 말했다. 잡스가 회의 테이블에 앉아 제일 먼저 한 일은 이미 나와 있는 휴대전화가 얼마나 형편없는지를 성토하는 것이었다. 잡스가 보기에 기존에 나와 있는 휴대폰은 너무 복잡해서 사용자가 가장 간단한 전화번호부의 기능을 파악하는 것조차 불가능해 보였다. 디자인은 말할 것도 없었다. 잡스는 자신이 사용하고 싶은 휴대전화란 어떤 것인지 말하며 흥분하기 시작했다. 잡스 말대로 "자신이 쓰고 싶은 물건을 만든다는 것"이 제일 중요했다. 그때부터 잡스와 애플의 모든 직원은 힘을 합해 자신이 쓰고 싶은 스마트폰을 만들었다. 그렇게 해서 나온 스마트폰이 바로 아이폰이다.

　　잡스가 태블릿 PC인 아이패드를 만들게 된 계기도 비슷했다. 태블릿 PC가 미래의 컴퓨터로 각광받을 것이라고 처음 예견한 사람은 따로 있다. 마이크로소프트의 빌 게이츠다. 빌 게이츠는 2001년 컴덱스에서 스타일러스를 쓰는 최초의 태블릿 PC를 소개했던 장본인이기도 하다. 마이크로소프트는 2009년에는 불필요한 기능을 과감하게 제거한 쿠리어Courier라는 태블릿 PC를 완성했다. 하지만 빌 게이츠는 쿠리어에 이메일 기능이 없는 것에 부정적인 반응을 보였고 결국 쿠리어 프로젝트는 취소되었다. 그리고 태블릿 PC의 선두자리는 애플의 아이패드에게 넘어갔다. 반면 잡스가 쓰고 싶었던 태블릿 PC는 키보드나 스타일러스가 있는 불편한 제품이 아니었다. 그는 좀 더 편리하게 손가락으로 스크린을 터치해 입력할 수 있는 제품을 원했다. 그리고 자신이 쓰고 싶은 태블릿 PC, 아이패드를 만들었다.

　　소비자는 실제로 어떤 제품을 보고 나서야 그 제품이 자신이 원하던 것인지 아닌지 말할 수 있는 경우가 많다. 그래서 잡스는 제품이 나오기 전에 "소비자의 의견을 듣는 것은 의미가 없다."고 했다. 하지만 제품이 나온 뒤에는 달랐다. 애플 스토어의 지니어스 바를 통해 소비자들의 욕구와 불만을 파악하고 이를 디자인과 제품 개발에 적극적으로 반영했다. 또 애플 마니아들이 요구 사항을 올리는 게시판을 모니터링해 소비자들의 욕구를 지속적으로 제품과 디자인에 반영했다. 심지어 아이폰 사용자들이 시스템을 해킹해 빠져나가 편의성을 높이기 위해 프로그램을 마음대로 넣고 조작하는 이른바 '탈옥' 현상까지 관찰했다. 해커들이 어떤 프로그램을 집어넣는지를 보고 이를 iOS 업그레이드에 반영했다.

이처럼 잡스는 소비자와 소비자의 욕구를 중요하게 여겼지만 최고의 소비자는 바로 스티브 잡스 자신이었다. 그래서 그는 늘 자신 있게 "우리는 우리가 무엇을 원하는지를 알고 있습니다."라고 말했다. 자신이 진정으로 쓰고 싶은 것을 만드는 것이 제일 나은 디자인을 하는 것이다. 하지만 잡스가 원하는 바를 만족시키는 일은 결코 쉽지 않았다.

잡스 사용법

40

먼저 디자인하고 나중에 제작하라

오늘날 기술의 발달로 제품의 기능과 품질이 엇비슷해지면서 디자인이 소비자 선택을 좌우하는 가장 중요한 요소로 떠오르고 있다. 디자인의 중요성이 커지면서 경영학자들은 지식경영의 중요한 분야 중 하나로 디자인 경영Design management을 강조한다. 네덜란드의 필립스사에서 디자인 경영자로 일하며 필립스다운 디자인을 강조했던 로버트 블레이크Robert Blaich는 디자인 경영을 이렇게 정의했다.

"디자인 경영은 디자인이 장기적인 기업 목표의 달성에 유용한 수단임을 널리 인식시키고, 기업의 목표를 성취하기 위한 모든 활동에 디자인이 올바르게 활용될 수 있도록 해주는 공식적인 업무 프로그램이다."

즉 디자인 경영은 디자인을 경영 전략적 수단으로 활용하여 새로운 비전과 가치를 창출함으로써 조직의 목표 달성에 이바지하는 전략이다. 그러므로 디자인을 통해 사업적 성공을 거두려는 최고 경영자의 의지, 좋은 디자인이 만들어질 수 있는 여건과 분위기를 형성하는 데 필요한 지식과 노하우, 최고 수준의 독창적인 디자인을 창출하기 위한 방법을 강구하는 것이 디자인 경영의 핵심 내용이다. 세계적인 명성을 얻고 있는 기업의 최고경영자들은 모두 디자인을 기업의 가치를 높이기 위한 수단으로 적극 활용하고 있으며 스티브 잡스 역시 디자인 경영이 얼마나 중요한지를 누구보다도 잘 알고 있었다. 그래서 틈날 때마다 디자인의 중요성을 강조했고 자신이 만든 제품의 디자인이 얼마나 뛰어난지를 자랑했다.

잡스는 기업이 디자인에 초점을 맞추기 위해서는 몇 가지 전제가 필요하다고 생각했다. 먼저 디자인이 제품의 겉모습을 치장하는 것이라는 생각을 버려야 한다. 디자인은 기능과 효율성을 높이기 위한 노력이며, 디자인이 도달해야 할 궁극의 목적은 사용자들이 정서적, 직관적으로 편리함을 느끼도록 하는 것이다. 그러자면 제품의 개발과 기획은 디자인에서 출발해야 한다. 하지만 대부분의 회사는 엔지니어가 디자이너를 이끈다. 신제품 기획은 경영자와 엔지니어들끼리 끝내고 결정하는 게 보통이다. 그리고 난 후 디자이너를 불러

제품의 껍데기를 디자인하게 한다. 디자이너가 신제품을 만드는 첫 단계부터 상상력과 창조력을 발휘할 여지가 없는 것이다. 하지만 이와 반대로 잡스는 디자인을 중심에 놓고 진행해야 한다고 생각했다. 디자인을 '인간이 만든 창조물의 근원을 이루는 영혼'이라고 생각한 잡스에게는 그렇게 하는 것이 당연했다. 그래서 잡스는 "디자인은 디자이너에게 맡기고 엔지니어는 디자인에 따라 만든다."라는 디자인 우선 원칙을 선언했다.

원조 매킨토시 팀을 지휘하던 1981년부터 잡스는 애플에서 이러한 디자인 우선 원칙을 강조했다. 잡스는 애플 전제품에 일관된 디자인 언어를 적용하기 위해 독일의 디자이너 하르트무트 에슬링거 Hartmut Esslinger를 끌어들였다. 에슬링거는 소니의 트리니트론 텔레비전을 디자인하고, 루이뷔통과 일을 하면서 루이뷔통을 세계적인 브랜드로 키워 내는 데 크게 기여했다. 에슬링거는 흰색 케이스에 둥근 모서리 그리고 통풍과 장식을 위한 얇은 홈들을 지닌 새로운 컴퓨터 디자인을 선보였다. '스노 화이트 디자인 랭귀지 snow white design language'라고 불리는 이 디자인은 네모반듯한 선과 살짝 둥글린 모서리, 그리고 흰색을 특징으로 하고 있었다. 에슬링거의 스노 화이트 디자인은 곧바로 애플Ⅱc에 적용되었고, 매킨토시에 본격적으로 적용된다. 이후 이 디자인은 1990년까지 애플의 모든 제품에 일관되게 적용되었다. 잡스는 에슬링거를 통해 처음으로 브랜드가 주도하는 일관된 디자인 언어를 만들어 냈다. 제품 전체를 관통하는 형태와 느낌이 탄생했고 애플은 디자인 중심의 기업 문화를 갖게 되었다.

잡스가 애플을 떠난 뒤 디자인 우선이라는 원칙은 잠시 공백기를 맞는다. 먼저 디자인하고 그 뒤에 엔지니어에게 일을 맡긴다는 생각은 애플에서조차 당연하지 않은 제품의 생산 순서가 되었다. 조너선 아이브가 본다이 블루 아이맥을 디자인해놓고도 제품화하지 못했던 것도 그 때문이었다.

디자인 우선 원칙은 1997년 스티브 잡스의 복귀와 함께 다시 애플에 적용된다. 복귀 후 잡스는 제품 디자인을 개선하기 위해 디자이너인 조너선 아이브에게 전폭적인 권한을 부여한다. 가정에서 쓰는 데스크톱 컴퓨터를 만들고자 했던 잡스는 이미 디자인되어 있던 아이브의 디자인을 채택해 아이맥을 제작하려 했다. 하지만 경영진과 엔지니어의 반대가 만만치 않았다. 경영진은 반투명한 플라스틱 케이스에 비용이 많이 든다고 반대했고, 엔지니어들은 본체와 모니터를 유선형으로 일체화시킨 형태 안에 필요한 부품들을 모두 집어넣을 수 없다고 반대했다. 엔지니어들은 무려 서른여덟 가지 이유를 대며 아이브의 아이맥 디자인을 반대했다. 잡스와 아이브는 이런 반대에도 불구하고 디자인을 우선에 두고 그것을 실제 제품으로 만들어 내기 위해 노력했다. 디자이너와 엔지니어들이 함께 하는 제작 회의에서 문제 해결을 위한 현실적인 논의가 이뤄졌다. 그리고 마침내 1998년 5월에 아이맥이 출시된다. 아이맥은 다른 경영진과 엔지니어들이 그토록 반대했던 반투명한 청록색의 유선형 디자인으로 출시된 후 선풍적인 인기를 끌었다. 디자인이 엔지니어링에 우선해야 한다는 잡스의 디자인 우선 원칙의 승리였다.

아이맥에 이어 엔지니어링보다 디자인을 우선하여 만든 제품들이 연이어 출시된다. 대표적인 것이 맥북이다. 2006년 5월 16일 전 세계 애플 스토어에 아이브가 디자인한 노트북 컴퓨터 맥북이 출시되었다. 맥북은 기존의 아이북을 대체하는 노트북이었다. 새로운 노트북을 디자인하면서 아이브는 혁신적인 노트북 제작 방식을 도입했다. 그때까지 일반적인 노트북을 만들 때는 여러 부품을 조립하여 만들었다. 이 방법은 크기와 무게를 줄이는 데 한계가 있었다. 그래서 잡스와 아이브는 외장을 여러 부품을 조립하여 만들지 않고 하나로 만들려고 했다. 애플이 유니바디Unibody라고 이름 붙인 외장은 한 개의 알루미늄 통판을 깎아서 만든 것이다. 새로운 노트북을 디자인하고, 알루미늄 통판을 깎아 외장을 만든 다음 거기에 맞게 엔지니어들이 설계하고 부품을 조립해 노트북을 만들었다. 이런 방법은 엄청난 수고를 필요로 하였으며, 대단한 모험이기도 했다. 공정에 조금만 오차가 생겨도 값비싼 외장 틀 전체를 버려야 하기 때문이다. 그래서 애플은 우주선용 부품 제작에 쓰이는 컴퓨터 계측 장비를 동원하여 제작을 했다. 상태 표시등이나 충전 케이블 같은 외부 단자의 위치까지도 이 장비를 통해 1마이크론의 단위까지 정밀하게 깎아 내는 작업을 거쳤다. 이런 방법으로 나사 하나 없고 이음새 하나 없는 매끄러운 외형을 가진 맥북을 만들었다. 맥북은 그때까지 나왔던 그 어떤 노트북보다도 더 얇고, 더 가볍고, 더 탄탄했다. 가장 최근에 나온 모델인 맥북 에어는 무게가 1.04킬로그램으로 초경량이며, 가장 두꺼운 부분이 1.73센티미터에 불과하다. 디자인을 우선하여 만든 맥북 시리즈는 매우 정제되고 단순하고 아름다워서 전 세계적으로 가장 많이 팔리는 노트북이 되었다.

이후 아이팟, 아이폰, 아이패드 등 애플의 혁신적인 제품들은 모두 이런 디자인 우선 원칙에 의해 만들어졌다. 조너선 아이브는 2003년 런던 디자인 박물관이 선정한 올해의 디자이너 상을 받은 후 애플의 디자인 우선 원칙에 대해 이렇게 말했다.

"기업의 경영진이 제품과 디자인의 역할에 대해 알고 있어야 함은 물론이고 개발, 마케팅, 디자인 등 모든 팀들이 목표를 위해 헌신해야 합니다. 디자인에서 이룬 모든 것은 서로 다른 팀들이 같은 목표를 지니고 같은 문제를 해결하려는 헌신적인 노력 덕택입니다."

잡스는 최고의 제품을 디자인하기 위해 디자이너들에게 아이디어를 마음껏 펼칠 수 있는 기회를 제공했다. 동시에 잡스는 아이디어가 탁상공론에 멈추지 않도록 했다. 시제품을 끊임없이 제작하고 엔지니어들과 협의를 통해 실제 제품화할 수 있는지 실패에 실패를 거듭하며 확인했다. 잡스는 회의실에서 회의를 하기보다 애플의 디자인 스튜디오에 가서 시제품을 보거나 새로운 제품들을 가지고 노는 것을 좋아했다. 애플은 디자인을 하면서 실물 크기의 시제품을 만들고 수정하는 작업을 반복한다. 외부인의 출입이 철저히 통제된 애플의 디자인 스튜디오에는 개발 중인 제품의 시제품을 진열하고 만져볼 수 있도록 긴 금속 테이블이 여러 대 놓여 있다. 잡스는 테이블 앞에서 시제품을 보고 자신이 느낀 것을 디자이너나 엔지니어에게 전달했다. 사용하기 어렵다는 생각이 들면 더 단순화하도록 지시했다. 잡스에게 자신의 만족은 곧 소비자의 만족을 의미했으며 제품과 디자인에 관한한 자신이 최고의 소비자이자 비평가였다. 이런 과정을 통해 영혼을 가진 혁신적인 제품이 탄생하였다. 스티브 잡스와 애플이 그토록 강조한 직관적으로 인터페이스를 이용할 수 있는 단순하고 혁신적인 제품은 디자인과 엔지니어링의 공조 없이는 탄생할 수 없다. 디자인을 중심에 두고 모든 팀들이 헌신하는 기업 문화만이 고객에게 특별한 느낌과 체험을 선사할 수 있다.

잡스 사용법
41

디자인은 팀워크로 완성된다

　스티브 잡스와 애플의 성공 요인 중의 하나로 많은 사람들은 차별화된 디자인을 꼽는다. 잡스가 신제품 발표회나 매스컴과의 인터뷰에서 애플의 단순하고 혁신적인 디자인에 대해 하도 자랑을 해서 어떤 사람들은 그가 직접 제품을 디자인한 줄 알 정도였다. 잡스는 디자인 감각이 뛰어났지만 그렇다고 직접 디자인을 하지는 않았다. 애플의 독창적인 디자인 뒤에는 애플의 수석 디자이너이자 산업 디자인 부문 부사장인 조너선 아이브와 그의 디자인팀이 있었다. 잡스가 자신이 쓰고 싶은 혁신적인 제품과 디자인에 영감을 주면, 아이브와 디자인팀이 그것을 구체화했다. 그래서 2010년에 「포춘」은 "스티브 잡스는 아이폰을 꿈꾸었고, 조너선 아이브는 아이폰을 창조해냈다."라고 표현했다.

조너선 아이브는 1967년에 영국 런던에서 태어나 뉴캐슬 폴리테크닉 대학에서 산업디자인을 공부했다. 아이브는 대학에 다니던 중 매킨토시를 처음 보았는데 자신이 꿈꾸던 디자인과 유사하다는 사실에 깊은 동질감을 느꼈다. 졸업 후에는 런던의 디자인 회사 탠저린에서 잠시 일하다 1992년에 당시 애플의 디자인 팀장인 로버트 부르너의 권유로 애플에 입사하게 되었다. 아이브는 애플 입사 초기에는 크게 주목받지 못했다. 그가 애플에서 처음으로 참여했던 프로젝트는 '뉴턴'이라는 PDA를 디자인하는 일이었다. 하지만 뉴턴은 애플이 PDA 사업을 완전히 포기해야 할 정도로 소비자들로부터 외면 받았다. 이후 아이브는 잡스가 주목하기 전까지 엔지니어와 경영진들의 요구에 따라 디자인하면서 지루하고, 무기력하게 지냈다. 잡스가 복귀할 무렵에는 디자인보다 수익 극대화에 치중하는 회사에 염증을 느껴 사직을 하려던 참이었다. 1997년에 애플의 임시 CEO로 복귀한 스티브 잡스는 회사의 핵심 인사와 저널리스트들이 참여한 회의에서 "앞으로의 애플의 전략은 제품 디자인을 효과적으로 발전시키는 것"이며, "우리의 목표는 단순히 돈을 버는 것이 아니라 훌륭한 제품을 만드는 것"이라고 밝혔다. 이 말을 듣고 아이브는 사직에 대한 생각을 접게 되었다.

2010년 6월 아이폰 4를 공개하는 자리에서 조너선 아이브와 통화하는 잡스. ⓒThe New York Times/Jim Wilson

디자인 경영은
최고경영자와 디자이너의 팀워크로 완성된다.

잡스는 iCEO로 복귀한 뒤 독일의 디자이너 하르트무트 에슬링거를 영입해 스노 화이트 디자인을 선보였던 때처럼 애플의 모든 제품에 일관되게 적용되는 뛰어난 디자인을 원했다. 디자인을 개선하기 위해 처음에 잡스는 이탈리아의 최고 디자이너인 에토르 소사스, 맨디니, 조르제토 주지아로 등에게 외주를 주려고 했다. 그러던 중 애플의 디자인 스튜디오에서 당시 디자인 팀장이던 조너선 아이브의 디자인을 보게 되면서 최고의 디자이너가 이미 내부에 있음을 깨닫게 된다. 그 뒤 스티브 잡스는 조너선 아이브를 임원 회의에 불러내 임원들에게 "앞으로 애플의 미래는 이 사람에게 물어봐라."라고 하면서 전폭적인 권한을 부여하게 된다. 그로부터 1년 뒤인 1998년 5월에 아이브가 디자인한 반투명한 청록색의 아이맥이 출시된다. 아이브는 이후 아이팟, 맥북, 아이폰, 아이패드 등을 연달아 히트시키며 세계적인 디자이너의 반열에 오른다. 오늘날 아이브의 디자인은 애플의 컴퓨터와 휴대폰을 예술의 경지로 끌어올렸다고 평가받는다. 그는 2002년 런던의 디자인 뮤지엄이 선정한 최초의 올해의 디자이너에 선정되었고, 2012년 5월에는 디자인과 기업 발전에 기여한 공로를 인정받아 영국 왕실로부터 기사 작위를 받았다.

스티브 잡스가 선불교과 바우하우스의 영향으로 단순함을 선호했듯이 조너선 아이브 역시 독일의 산업디자이너 디터 람스[Dieter Rams]의 영향을 많이 받아 단순함을 추구했다. 디터 람스는 1961년 브라운사의 수석 디자이너를 맡아 1998년 은퇴할 때까지 깔끔하면서도 아름다운 브라운 스타일을 개발했다. 디터 람스는 자신의 디자인 철학을 "더 적게, 그러나 더 낫게 Less but better"로 정의했다. 최대한 단순한 디자인이 가장 정직하고 아름답다는 뜻이다. 그는 '디터 람스의 디자인 10계명'으로 널리 알려진 좋은 디자인의 열 가지 원칙을 발표했다. 이 원칙에 따르면 좋은 디자인은 혁신적이고, 제품을 유용하게 하고, 아름답다. 좋은 디자인은 제품을 이해하기 쉽게 하고, 정직하며, 불필요한 관심을 끌지 않으며, 오래 지속된다. 또한 좋은 디자인은 마지막 디테일까지 철저하며, 환경 친화적이고, 가능한 한 최소한으로 디자인하는 것이다.

세계의 많은 디자이너들이 산업 디자인계의 전설인 디터 람스의 원칙을 따르고 있으며 조너선 아이브 역시 그중의 한 명이다. 아이브는 디터 람스에게 직접 전화를 걸어 "선생님으로부터 많은 영감을 얻었습니다. 감사합니다."라고 존경을 표할 정도로 많은 영향을 받았다. 실제로 조너선 아이브가 디자인한 아이팟, 아이폰 등은 디터 람스의 디자인과 많이 닮아 있다.

단순한 디자인을 추구했던 잡스와 아이브 두 사람은 일에서뿐만 아니라 개인적으로도 친했다. 디자인의 역할과 중요성을 이해하고 있던 잡스는 디자인 문제에 대해서만큼은 중간 의사 결정 과정을 두지 않고 아이브와 직접 상의를 했다. 잡스는 아이브를 "애플의 핵심 이념을 이해하는 사람이다."라고 칭찬하며, "애플에 마음의 동반자가 있다면 두말할 것 없이 아이브다."라고 말하기도 했다. '마음의 동반자'라고 표현할 정도로 그와 친했고 신임이 두터웠다. 개인적으로 대화할 때에는 서로에게 거침없이 욕을 할 정도였다. 애플의 직원들이 함께 있는 잡스와 아이브를 일컬어 'Jives'라고 할 정도로 그들은 친했다. 하지만 아이브 입장에선 업무 파트너로서의 신임과 친구로서의 '우정'이 깊었던 만큼 상처도 컸다.

아이브는 잡스의 공식 전기 작가인 아이작슨과의 인터뷰에서 "잡스는 발표할 때면 그게 마치 자신의 아이디어인 것처럼 이야기했죠. 제가 그 자리에 앉아 있는데도 말이에요. 저는 아이디어의 출처에 극도로 신경을 쓰는 편이에요. 제 아이디어들을 공책에 적어 관리할 정도죠. 그러니 저의 디자인이 잡스의 공훈으로 돌아갔을 때 얼마나 마음이 아팠겠어요."라고 서운한 감정을 드러냈다. 아이브는 서운해 하면서도 스티브 잡스에 대해 무한한 지지를 표시했다. 그는 "만약 스티브가 이곳에서 우리를 밀어붙이고 함께 일하며 수많은 저항을 헤쳐 나가도록 돕지 않았다면 우리의 아이디어 상당수는 제품으로 현실화되지 않았을 겁니다."라고 말했다.

흔히 디자인 경영의 성공은 호기심과 탐구심이 많은 최고경영자와, 창조성과 미적 감각을 갖춘 디자인 최고 책임자가 이루어 내는 팀워크에 달려 있다고 한다. 20세기 초 기업에 최초로 디자인 경영 개념을 도입한 독일 AEG의 최고경영자 에밀 라테나우Emile Rathenau와 미술 고문이었던 피터 베렌스Peter Behrens의 관계나, IBM의 전 회장 토마스 왓슨 2세Thomas Watson, Jr.와 디자인 고문 엘리엇 노이스Eliot Noyes의 관계는 이러한 협력의 성공 사례를 볼 수 있다. 하지만 누가 뭐라 해도 최고의 성공 사례는 스티브 잡스와 조너선 아이브의 관계였다.

잡스 사용법
42

디자인은 세밀한 곳에 있다

1977년에 나온 애플Ⅱ 팸플릿에는 애플을 상징하는 커다란 빨간 사과 위에 "단순함은 궁극의 정교함이다.Simplicity is the ultimate sophistication"라는 레오나르도 다빈치의 말이 크게 쓰여 있다. 이 말은 끝없이 단순함과 완벽함을 추구했던 스티브 잡스의 디자인 철학을 잘 보여주는 말로 자주 인용된다.

잡스는 모든 디자인에 단순함과 장인 정신이 깃들어 있어야 한다고 보았다. 그래서 애플의 모든 제품들은 더 이상 뺄 것이 없을 정도로 단순하게 만들었으며, 동시에 보이지 않는 부분까지 세심하게 신경을 써 완벽하게 만들었다. 잡스는 완벽에 가까울 정도로 제품을 만드는 것이 중요하다고 생각해서 언제나 아주 작은 일까지 꼼꼼하게 살폈다. 잡스에게는 당연한 일이었지만 애플의 직원들에게는 엄청 어려운 일이었다.

1982년 잡스가 매킨토시 팀의 책임자가 되어 초기 모델을 개발할 때의 일이다. 어느 날 그는 매킨토시의 인쇄 회로 기판이 아름답지 않다며 불평했다. 개발 중이던 매킨토시의 회로 기판은 수많은 배선들이 교차하는 '와이어 래핑'이라는 방법으로 만들어져 복잡했다. "이 메모리칩은 배선이 너무 달라붙어 보기 흉한 걸." 잡스의 지적에 담당 엔지니어가 "컴퓨터 본체의 회로 기판이 어떻게 생겼는지까지 누가 신경이나 쓸까요? 그것보다 중요한 것은 컴퓨터가 제대로 작동하느냐 하는 거지요. 어떤 소비자도 컴퓨터 기판 따위를 쳐다보지는 않아요."라고 대꾸했다. "내가 본다니까!"라고 잡스는 즉시 반박했다. 그리고 이어서 이렇게 말했다.

"컴퓨터 본체 안에 숨겨져 있는 회로 기판이라도 가능한 최고로 아름다워야 해. 훌륭한 목수는 아무도 보지 않는다고 장롱 뒤에 질이 나쁜 목재를 사용하지는 않아."

사실 원조 매킨토시는 소비자가 특수 도구를 사용하지 않는다면 본체를 열 수 없도록 설계되어 있었다. 하지만 장인 정신으로 무장한 잡스에게는 눈에 보이지 않는 인쇄 회로 기판까지도 완벽해야 했다. 잡스의 이런 지시에 기판 제작팀에 속한 엔지니어들은 배선을 깔끔하게 정리하면 작동하지 않는 부분이 생길 수도 있다며 우려를 표명했다. 잡스는 주장을 굽히지 않았다. 우선 회로 기판을 보기 좋게 정돈해서 만들어 보라고 지시했다. 만약 그렇게 했는데 정말 작동하지 않는다면 다시 원상 복귀시키면 된다고 했다. 잡스의 고집 때문에 매킨토시의 출시일도 늦추어졌고 회로 기판 개발비도 추가되었다. 하지만 잡스의 장인 정신 덕에 오늘날 우리는 회로 기판까지 아름다운 매킨토시와 이음새나 조임 부분조차 육안으로 찾아볼 수 없을 정도로 말끔하게 디자인된 맥북을 만날 수 있다.

사실 잡스는 툭하면 제품을 다시 만들라고 지시하곤 했다. "더 단순하게 만들라."고 하거나 "쓰레기 같은 제품을 팔수 없다."라며 다시 제작하라고 했다. 맥북을 만들 때도 그랬고, 아이팟을 만들 때도 그랬다. 그에게는 제때에 제품을 선보이는 것보다 완벽한 제품을 만드는 것이 더 중요했다. 잡스는 뭔가 마음에 들지 않으면 마치 리셋 버튼을 누르는 것처럼 갑자기 처음부터 다시 시작했다. 뭔가가 제대로 되어 있지 않거나 세부적인 것이 완벽하지 않다고 느끼면 다시 시작했다. 그렇게 하는 것은 어려운 일이었지만 먼 미래를 내다보면 올바른 결정이었다.

아이폰을 만들 때도 그랬다. 새로운 스마트폰을 만드는 일은 어려운 일이었다. 모바일 운영 체계로 iOS를 개발하고, 멀티터치 스크린을 채택하고, 제작 업체에게 단기간 내에 초고강도 유리를 생산하게 하는 등 그 어느 것 하나 쉬운 일이 없었다. 잡스는 애플의 디자인 스튜디오에 가서 시제품을 보면서 끊임없이 단순하게 만들라고 지시하고 밀어붙여 지금의 아이폰과 비슷한 디자인을 확정했다. 그런데 아이폰의 공개 날짜가 며칠 안 남은 어느 월요일 아침 잡스는 이렇게 외쳤다.

"나는 이 녀석을 조금도 좋아하지 않아. 나 자신부터 이 녀석과 사랑에 빠지게 될 것이라는 확신을 가질 수 없어. 그리고 이것은 지금까지 우리가 만들어 온 제품들 가운데 가장 중요한 제품이야."

그래서 잡스는 바로 리셋 버튼을 눌렀다. 처음 디자인한 아이폰은 알루미늄 케이스 안에 유리 스크린을 넣는 방식이었다. 너무 남성적이고 효율성만 강조한데다 결정적으로 스크린을 제한하는 디자인이었다. 잡스는 디자인팀으로 달려가 9개월 동안 작업해서 완성한 디자인을 버리고 새로 시작해야 한다고 말했다.

"이제 이 디자인을 바꾸려 합니다. 앞으로 야간에는 물론 주말에도 일을 해야 합니다. 원한다면 총을 줄 테니 지금 이 앞에 선 우리 경영진을 죽이든가 일을 하든가 결정하시길 바랍니다."

디자인팀은 총으로 잡스를 쏘는 대신 밤을 새워 아이폰의 디자인을 새로 했다. 그렇게 해서 초강력 유리 디스플레이를 가장자리까지 채우고, 얇은 스테인리스가 유리를 고정하는 테두리 역할을 하는 지금의 아이폰 디자인이 탄생했다. 디자인이 바뀌자 회로 기판과 안테나 내부 프로세서 배치 작업 등도 바꿔야 했다. 다른 회사 같으면 그냥 출시했을 수도 있었겠지만 잡스는 마지막까지 완벽을 기했다. 어떤 일을 하건 일이 제대로 되지 않는 경우는 언제나 생긴다. 그때 문제를 바로 잡기 위해 처음부터 다시 시작하기는 어렵다. 하지만 잡스의 말처럼 "마음이 들지 않는다는 사실을 알면서도 애써 괜찮다고 말하며 자신을 바보로 만들기란 너무나도 쉬운 일"이다. 잡스는 문제를 바로 잡을 수 있는 기회는 단 한 번뿐이라고 보고 마지막까지 최선을 다해 완벽을 기했다.

완벽한 디자인을 추구하는 잡스의 이런 태도는 어디에서 비롯된 것일까? 그는 이런 장인 정신을 양아버지인 폴 잡스에게서 배웠다고 한다. 폴 잡스는 기계공과 금융 회사의 세일즈맨으로 일하면서 차고에서 오래된 자동차를 손질하는 일을 즐겼다. 모범적인 아버지였던 폴 잡스는 자신이 지닌 재능을 아들인 스티브에게 나눠주고 싶어 했다. 차고 안에 작업대를 마련하고 금을 그어 작업대의 한쪽을 잡스가 쓸 수 있도록 해주었다. 작업실에서 어린 스티브 잡스는 자동차 수리뿐만 아니라 장롱이건 장식장이건 필요한 건 뭐든지 뚝딱뚝딱 만드는 아버지의 재능에 깊은 인상을 받았다. 아버지는 뭐든 만들 때마다 장식장의 뒷면처럼 보이지 않는 부분도 중요하다며 장인 정신을 강조했다. 잡스는 이를 잊지 않고 애플에서 실천했다.

로버트 브라우닝의 시 구절 '적을수록 많다.'를 인용해 20세기 디자인의 가치를 정리한 미스 반데어로에는 "신은 세밀한 곳에 있다. $God\ is\ in\ detail$" 라는 명언을 남겼다. 이 말처럼 잡스는 신제품을 디자인할 때 자신이 신이라도 된 것처럼 디테일을 중시했고 완벽주의를 견지했다. 새로운 제품을 만들고 디자인할 때에는 현실과 타협하기 쉽다. 완벽을 기하기 위한 마지막 10퍼센트, 20퍼센트는 매우 어렵고, 시간도 오래 걸리고, 비용도 많이 들어가기 때문이다. 그래서 어느 수준에 이르면 이 정도면 충분하다고 자위하고 타협하게 된다. 하지만 그렇게 해서는 최고가 되지 못한다. 잡스와 애플은 장인 정신으로 마지막 1퍼센트까지 완벽을 기하여 최고가 되었다.

Good bye,
Steve Jobs.

2007년 1월 맥월드 엑스포에서 무대 밖으로 걸어 나가는 잡스. ⓒAP/Paul Sakuma

인용구 출처

1부_ 삶에 대한 사용법

잡스 사용법 01_삶의 경험은 미래에 어떤 식으로든 연결된다
- 돌이켜보니 대학 중퇴는 내 인생 최고의 결정들 중 하나였다
  Looking back it was one of the best decisions I ever made 2005년 스탠퍼드 대학교 졸업식 연설
- 모든 점들은 여러분의 미래에 어떤 식으로든 연결된다
  The dots will somehow connect in your future 2005년 스탠퍼드 대학교 졸업식 연설

잡스 사용법 02_자신이 사랑하는 일을 찾아야 한다
- 위대한 일을 하는 유일한 방법은 그 일을 사랑하는 것이다
  The only way to do great work is to love what you do 2005년 스탠퍼드 대학교 졸업식 연설
- 자신이 사랑하는 일을 찾아야 한다
  You've got to find what you love 2005년 스탠퍼드 대학교 졸업식 연설

잡스 사용법 03_사랑하는 일에 뜨거운 열정을 바쳐야만 한다
- 당신은 당신의 일을 사랑해야 하고 뜨거운 열정을 바쳐야만 한다
  You've got to love it and you've got to have passion 2007년 5월 D5 콘퍼런스

잡스 사용법 04_중요한 건 돈이 아니라 일의 가치다
- 돈이란 무엇인가를 이루려고 노력하고, 실패하고, 성공하고, 그러면서 성장해 가는 기회일 뿐이다
  It was the chance to actually try something to fail, to succeed, to grow 1985년 2월 「플레이보이」와의 인터뷰

- 세계 최고의 부자로 무덤에 묻히는 것에는 관심이 없다
  Being the richest man in the cemetery doesn't matter to me. 1993년 5월 「포춘」과의 인터뷰

잡스 사용법 05_과정의 즐거움, 그 자체가 보상이다
- 여정 자체가 보상이다
  The journey is the reward 1983년 9월 몬터레이 인근에서 열린 매킨토시 워크숍

잡스 사용법 06_두려움을 정면으로 바라볼 때 용기가 생긴다
- 가장 중요한 것은, 여러분의 마음과 직관을 따르는 용기다
  Most important, have the courage to follow your heart and intuition 2005년 스탠퍼드 대학교 졸업식 연설

잡스 사용법 07_우리가 아는 모든 것은 실패를 통해 배운다
- 딜런이나 피카소는 실패를 두려워하지 않았다
  Dylan and Picasso were always risking failure 1998년 「포춘」과의 인터뷰

잡스 사용법 08_어제 일을 후회하느니 내일을 만들어 나가자
- 어제 있었던 일을 걱정하기보다는 내일을 만들어 나가자
  Let's go invent tomorrow rather than worrying about what happened yesterday 2007년 5월 D5 콘퍼런스 중 스티브 잡스와 빌 게이츠의 합동 인터뷰

잡스 사용법 09_늘 새로운 일을 갈망하고 우직하게 나아가라
- 늘 갈망하고 우직하게 나아가라
  Stay Hungry, Stay Foolish 2005년 스탠퍼드 대학교 졸업식 연설

잡스 사용법 10_중요한 순간에 스스로에게 질문을 하라
- 만일 오늘이 지구에서 보내는 마지막 밤이라면 비즈니스 미팅을 하며 시간을 보낼 것인가, 아니면 이 여자를 만날 것인가?
  If this is my last night on earth, would I rather spend it at a business meeting or with this woman? 1997년 1월 「뉴욕타임스」와의 인터뷰

잡스 사용법 11_오늘이 삶의 마지막 날인 것처럼 열정적으로 살아라
- 죽음은 삶이 만들어 낸 최고의 발명품이다
  Death is very likely the single best invention of life 2005년 스탠퍼드 대학교 졸업식 연설

2부_ 혁신에 대한 사용법

잡스 사용법 12_혁신적인 제품이 새로운 시장을 만든다
- 애플은 항상 제품 혁신을 기반으로 하고 있다
  What Apple has always stood for is product innovation 2004년 4월 23일 〈CNN 인터내셔널〉과의 인터뷰

잡스 사용법 13_혁신하는 기업만이 살아남는다
- 현재의 곤경에서 벗어나도록 애플을 살릴 수 있는 유일한 방법은 혁신이다
  The cure for Apple is to innovate its way out of its current predicament 1997년 8월 보스턴에서 열린 맥월드 엑스포
- 혁신은 연구개발비의 규모와 전혀 상관없다
  Innovation has nothing to do with how many R&D dollars you have 1998년 11월 「포춘」과의 인터뷰

잡스 사용법 14_집중해야 혁신적인 제품을 만들 수 있다
- 혁신이란 1,000가지 생각을 거절하는 것이다
  Innovation is saying "no" to 1,000 things 1997년 3월 애플 세계 개발자 회의

- 나는 우리가 한 일만큼이나 하지 않은 일을 자랑스럽게 여긴다
  I'm actually as proud of the things we haven't done as the things we have done 1997년 3월 애플 세계 개발자 회의

잡스 사용법 15_ 조직의 혁신이 제품의 혁신을 뒷받침한다
- 애플은 지구상에서 가장 큰 신생 기업이다
  We are the biggest start up on the planet 2000년 1월 「포춘」과의 인터뷰

잡스 사용법 16_ 혁신은 시스템이 아니라 자유로운 조직 문화에서 태어난다
- 우리의 시스템이란 바로 시스템이 없다는 것이다
  The system is that there is no system 2004년 「비즈니스위크」와의 인터뷰

잡스 사용법 17_ 혁신은 창의적 집단의 산물이다
- 해군이 되느니 해적이 되라
  Why join the navy if you can be a pirate? 1983년 1월에 열린 매킨토시 워크숍

잡스 사용법 18_ 혁신은 창조적 모방에서 시작된다
- 우리는 위대한 아이디어를 훔치는 것에는 수치심을 느끼지 않는다
  We have always been shameless about stealing great ideas 1996년 6월 PBS 다큐멘터리 〈괴짜들의 승리〉

잡스 사용법 19_ 혁신과 창조는 아이디어 믹싱이자 편집이다
- 창조성이란 단지 사물들을 서로 연결하는 것이다
  Creativity is a just connecting things 1996년 2월 「와이어드」와의 인터뷰

잡스 사용법 20_ 혁신과 창조는 이질적이고 새로운 경험에서 나온다
- 창조적인 사람은 남보다 더 많은 경험을 한다
  Creative people have had more experience than other people 1996년 2월 「와이어드」와의 인터뷰

잡스 사용법 21_ 제품 혁신만큼 비즈니스 모델 혁신이 중요하다
- 이 놀랍고 자그마한 기기에 1,000곡의 노래가 담겨 있습니다
  This amazing little device holds 1,000 songs 2001년 10월 신제품 발표회

잡스 사용법 22_ 유통혁신으로 새로운 고객 경험을 선사하라
- 소비자들은 애플 스토어에서 컴퓨터로 할 수 있는 일들을 직접 배우며 체험할 수 있다
  Customers can now learn and experience the things they can actually do with a computer 2001년 5월 애플 스토어의 개점과 관련하여

잡스 사용법 23_ 혁신적인 제품이 산업과 문화를 바꾼다
- 가끔은 모든 것을 바꿔 놓는 혁신적인 제품이 나옵니다
  Every once in a while, a revolutionary product comes along that changes everything 2007년 1월 샌프란시스코 모스콘 센터에서 열린 맥월드 엑스포

잡스 사용법 24_ 혁신은 인간에 대한 이해에서 시작된다
- 우리는 늘 과학기술과 인문학의 교차점에 서기 위해 노력해 왔다
  We've always tried to be at the intersection between technology and the liberal arts 2010년 1월 27일 애플 스페셜 이벤트
- 소크라테스와 함께 오후를 보낼 수만 있다면 내가 가진 모든 기술과 맞바꾸겠다
  I would trade all of my technology for an afternoon with Socrates 2001년 10월 「뉴스위크」와의 인터뷰

잡스 사용법 25_ 전방위적으로 혁신해야 세계적인 혁신 기업이 될 수 있다
- 앱 스토어는 모바일 애플리케이션 시장에 일대 혁명을 불러왔다
  The App store revolutionized mobile apps 2010년 12월 맥 앱 스토어 개설과 관련하여

3부_ 리더십에 대한 사용법

잡스 사용법 26_ 리더에게 가장 중요한 자질은 비전 제시 능력이다
- 우리는 우리의 비전에 모든 것을 걸었다
  We're gambling on our vision 1984년 원조 매킨토시를 출시하며 마련한 애플 이벤트

잡스 사용법 27_ 중요한 일을 하고 있다는 동기부여가 사람을 움직인다
- 우리는 우주에 흔적을 남기기 위해 여기에 있다
  We're here to put a dent in the universe 1980년 초 매킨토시 개발을 독려하며
- 우리는 새로운 유형의 자전거를 만들고 있습니다
  We created a new kind of bicycle 1980년대 매킨토시의 광고 문구

잡스 사용법 28_ 리더는 불확실한 미래에 맞서 언제나 분명해야 한다
- 왜냐하면 내가 CEO니까, 나는 충분히 할 수 있다고 생각하니까
  Because I am the CEO, and I think it can be done 1997년 애플에 복귀한 후 아이맥을 만들며

잡스 사용법 29_ 리더의 설득력은 진심과 신뢰에서 나온다
- 애플이 마이크로소프트를 꼭 이겨야 할 이유는 없다
  Apple didn't have to beat Microsoft 2007년 5월 D5 콘퍼런스

잡스 사용법 30_ 리더는 인재의 중요함을 알아야 한다
- 아이디어 혹은 사람이 우리의 전부다
  All we are is our ideas, or people 2007년 5월 D5 콘퍼런스

잡스 사용법 31_ 리더는 연인에게 사랑을 고백하듯 인재를 구한다
- 당신은 남은 인생을 설탕물이나 팔며 보내고 싶습니까? 아니면 나와 함께 세상을 바꿔보고 싶습니까?

Do you sell sugar water for the rest of your life or come with me and change the world? 1983년 스티브 잡스가 존 스컬리를 스카우트할 때

잡스 사용법 32_일은 리더 혼자 하는 것이 아니다
- 나의 비즈니스 모델은 바로 비틀스다
  My model for business is The Beatles 2003년 CBS 〈60분〉

잡스 사용법 33_리더는 색다른 보상을 할 줄 알아야 한다
- 예술가들은 그들의 작품에 사인을 한다
  Artists sign their work 1982년 2월 매킨토시의 케이스 디자인이 끝났을 때

잡스 사용법 34_채용뿐 아니라 해고도 리더의 몫이다
- 능력이 부족한 직원을 해고하는 것 또한 나의 일이다
  I found that my job has sometimes exactly been that to get rid of some people who didn't measure up 1995년 4월 스미소니언 구술 및 영상 역사 자료원

4부_디자인에 대한 사용법

잡스 사용법 35_디자인은 제품의 본질을 반영한다
- 디자인은 인간이 만든 창조물의 근원을 이루는 영혼이다
  Design is the fundamental soul of a man-made creation 2000년 「포춘」과의 인터뷰

잡스 사용법 36_사용하기 쉽게 만드는 것이 디자인이다
- 디자인은 제품이 어떻게 작동하는가에 대한 것이다
  Design is how it works 2003년 「뉴욕타임스」와의 인터뷰

잡스 사용법 37_디자인은 포괄적이고 단순해야 한다
- 우리는 훨씬 더 포괄적이고 단순하게 만들려고 노력했다

We tried to make something much more holistic and simple   2006년 10월 「뉴스위크」와의 인터뷰

잡스 사용법 38_ 디자인은 인간의 경험에 대한 이해에서 시작된다
- 인간 경험에 대한 이해가 광범위할수록 더 나은 디자인을 만들어 낼 수 있다
  The broader one's understanding of the human experience, the better design we will have   1996년 2월 「와이어드」와 인터뷰

잡스 사용법 39_ 자신이 진정으로 쓰고 싶은 제품을 디자인하라
- 사람들은 실물을 보여 주기 전에는 자신이 무엇을 원하는지 알지 못한다
  People don't know what they want until you show it to them   1998년 「비즈니스위크」와의 인터뷰

잡스 사용법 40_ 먼저 디자인하고 나중에 제작하라
- 디자인은 디자이너에게 맡기고 엔지니어는 디자인에 따라 만든다
  Let designer design, then make engineer build the design   1981년 잡스가 원조 매킨토시 팀을 지휘하던 때부터

잡스 사용법 41_ 디자인은 팀워크로 완성된다
- 애플에 마음의 동반자가 있다면 두말할 것 없이 아이브다
  If I had a spiritual partner at Apple, it's Jony   1998년 아이맥을 개발하며 조너선 아이브와 일한 이후부터

잡스 사용법 42_ 디자인은 세밀한 곳에 있다
- 훌륭한 목수는 아무도 보지 않는다고 장롱 뒷면에 형편없는 나무를 사용하지 않는다
  A great carpenter isn't going to use lousy wood for the back of a cabinet, even though nobody's going to see it   1985년 2월 「플레이보이」와의 인터뷰

스티브 잡스 연보

1955 — 2월 24일 위스콘신 대학교 대학원생이었던 조앤 시블과 조교였던 시리아인 압둘파타 잔달리 사이에서 출생함. 조앤 시블의 집안에서 결혼을 반대하자 폴 라인홀트 잡스와 클라라 잡스 부부에게 입양되어 스티브 폴 잡스라는 이름을 얻음.

1966 — 몬타로마 초등학교에 입학함. 학교 공부에 취미를 붙이지 못하고 장난을 일삼는 말썽쟁이였으나 4학년 때 이모진 힐 선생님을 만나 공부에 흥미를 느끼기 시작함. 두 학년을 건너뛰고 크리텐든 중학교로 월반함.

1968 — 부모를 따라 캘리포니아 로스앨터스로 이사함.
스튜어트 브랜드가 목공 용구나 공구에 대한 평, 도면, 지도·철학서·과학서에 대한 소개 등의 정보를 담은 「홀 어스 카탈로그」 초판을 발행함.

1969 — 홈스테드 고등학교 입학함. 엔지니어 래리 랭을 따라 HP 탐구자 클럽에 합류함. 탐구자 클럽의 프로젝트 때문에 부품을 구하고자 HP의 CEO 빌 휴렛과 전화 통화를 하고 그의 권유로 방학 때 HP에서 일도 함.

1970 — 여름방학과 주말에 중고 전자 부품 가게 할테크에서 재고품 정리 직원으로 일함. 전자공학에 광적으로 빠져 지내는 동시에 셰익스피어와 플라톤, 딜런 토마스의 시를 읽는 등 문학과 예술에 몰두하기 시작함.

1971 — 다섯 살 연상의 괴짜 선배 스티브 워즈니악을 만나 전자공학에 관해 이야기를 나눔.
「홀 어스 카탈로그」 최종판에서 "늘 갈망하고 우직하게 나아가라."는 문구를 발견하고 마음에 새김.

1972 — 워즈니악이 무료로 전화를 걸 수 있는 블루 박스를 장난삼아 만들자 잡스는 부품을 구하고 포장해 블루 박스를 판매함. 이 일을 계기로 워즈니악과 파트너십을 확인함.

| | 9월 작은 인문대학이지만 우수하고 개성이 강한 학생들이 다니는 리드 대학에 진학함. 리드 대학에서 대니얼 콧키를 만나 선(禪), 밥 딜런, LSD에 대한 관심을 공유함. |  |

1973 • 한 학기를 다니고 리드 대학을 자퇴함. 이후 흥미로워 보이는 수업을 찾아다님. 캘리그래피 수업을 청강. 리드 대학 근처에서 히피 생활을 하며 18개월을 보냄.

1974 • 2월 게임 회사 아타리에 취업하여 '퐁'이라는 비디오 게임 개발에 참여함. 아타리의 유럽 출장 형식으로 독일을 거쳐 인도로 가 7개월 동안 인도 순례 여행을 함. 이후 선불교에 빠져듦. 선불교는 삶에 큰 영향을 미쳤으며 오토가와 고분 치노를 영적 스승으로 섬김.

1975 • 6월 최초의 소형 컴퓨터 알테어가 발표됨. 이에 자극받은 워즈니악이 키보드, 모니터, 컴퓨터를 통합한 애플I의 설계를 완성함. 워즈니악은 홈브루 컴퓨터 클럽 회원들에게 애플I의 설계도를 무료로 나눠주려 했지만 잡스는 완제품을 만들어 팔자고 제안함.

1976 • 4월 1일 자신이 좋아하는 컴퓨터와 사업을 연결해야겠다고 생각한 잡스가 워즈니악을 설득해 차고에서 애플을 창업함.
7월 홈브루 컴퓨터 클럽 회원이자 바이트 숍을 운영하는 폴 테럴에게 주문받은 50대를 포함해 애플I을 총 175대 판매함.

1977 • 1월 인텔에 근무하며 받은 스톡옵션으로 부자가 된 마케팅 전문가 마이크 마쿨라가 지분의 1/3을 갖는다는 조건으로 애플에 25만 달러를 투자함.
2월 마이크 마쿨라가 내셔널 반도체 제조 부문을 책임지고 있던 마이클 스콧을 초대 CEO로 영입함.
4월 워즈니악이 개발한 애플II를 출시함. 애플II는 이후 16년 동안 600만 대 가까이 팔릴 정도로 큰 인기를 얻음.

1978 • 5월 여자친구 크리스앤 브레넌이 첫딸 리사를 낳음. 1년 후 유전자 검사를 통해 잡스가 리사의 친부임이 확인되었으나 딸을 인정하지 않음.

1979 • 11월 애플II용 스프레드시트 프로그램 비지칼크가 출시되며 애플II의 판매가 크게 늘어남.
12월 제프 래스킨의 제의로 제록스의 팔로알토 연구소를 방문함. 이곳에서 마우스와 그래픽 사용자 인터페이스 등 미래의 컴퓨터 기술을 접함.

1980 • 5월 애플III를 출시함. 개발을 서두른 탓에 설계 불량으로 오류가 잦고

내부 발열이 심해 판매에 실패함.
12월 12일 애플이 주식시장에 기업을 공개함. 스물다섯 살의 잡스를 비롯하여 300여 명의 백만장자가 탄생함.

1981 • 2월 리사 프로젝트에서 물러난 후 매킨토시 프로젝트의 책임자가 됨.
3월 마이크 마쿨라가 애플의 CEO로 취임함.
8월 애플II의 성공으로 개인용 컴퓨터 시장이 커지자 세계 최대의 컴퓨터 업체였던 IBM이 'IBM PC'를 출시해 PC 시장에 뛰어듬.

1982 • 1월 마이크로소프트와 스프레드시트, 비지니스 그래픽 프로그램 등의 소프트웨어 개발 계약을 함.
9월 몬터레이 인근의 파하로 사구에서 열린 매킨토시 팀의 수련회에서 "타협하지 마라."와 "여정 자체가 보상이다."라는 슬로건을 발표함.

1983 • 1월 그래픽 사용자 인터페이스를 갖춘 개인용 컴퓨터 리사 출시함.
4월 8일 펩시의 사장 존 스컬리를 스카우트함. 존 스컬리가 애플의 CEO로 취임함.

1984 • 1월 22일 리들리 스콧 감독이 제작한 매킨토시의 '1984' 광고가 슈퍼볼 중계방송 중간에 방영됨. 커다란 반향을 일으킴.
1월 24일 애플 주주총회에서 그래픽 사용자 인터페이스를 대중화시킨 퍼스널 컴퓨터 매킨토시를 공개함.
4월 애플II의 후속 모델인 애플IIc가 출시됨.

1985 • 5월 28일 매킨토시의 판매가 부진하자 이사회의 동의 아래 존 스컬리가 잡스를 매킨토시 부서장에서 해임함.
9월 13일 애플 이사회 회의에서 사의를 밝히고, 새로운 컴퓨터 회사 넥스트를 창업함.

1986 • 1월 조지 루카스 감독에게 1,000만 달러를 주고 훗날 픽사가 될 '그래픽 그룹'을 인수함. 처음에는 애니메이션 제작이 아닌 대용량 이미지를 처리할 수 있는 픽사 컴퓨터를 판매할 회사로 생각함.

1987 • 3월 애플에서 최초의 컬러 그래픽 컴퓨터 매킨토시 II를 출시함

1988 • 10월 12일 샌프란시스코 심포니 홀에서 '넥스트스텝'을 운영 체계로 삼은 '넥스트 컴퓨터'를 발표함.

1989 • 10월 스탠퍼드 대학 경영대학원에 강의를 하러 갔다가 경영대학원생 로렌 파월을 만나 사랑에 빠짐.

| 1990 • | 넥스트에서 고성능 컴퓨터 '넥스트 큐브'와 '넥스트 스테이션'을 발표했으나 판매에 실패함. |

1991 •   3월 18일 요세미티 국립공원의 아와니 로지에서 로렌 파월과 결혼함. 주례는 영적 스승인 오토가와 고분 치노가 맡음. 9월에는 첫아들 리드가 태어남.

1993 •   2월 11일 넥스트가 판매가 부진한 하드웨어 생산을 포기하고 소프트웨어 개발에 집중하기로 결정하고 회사 이름을 넥스트 소프트웨어로 바꿈.
6월 전자출판 시장에 집중해 매킨토시의 매출을 성장시켰던 존 스컬리가 물러나고, 마이클 스핀들러가 애플의 새로운 CEO로 취임함.

1994 •   픽사를 마이크로소프트 등에 매각하려 했으나 실패함.

1995 •   11월 픽사가 월트 디즈니와 계약한 장편 애니메이션 〈토이 스토리〉를 개봉하여 흥행에 성공함.
11월 29일 〈토이 스토리〉의 성공에 맞추어 픽사의 주식을 공개해 큰 성공을 거둠.

1996 •   2월 애플의 CEO가 길버트 아멜리오로 교체됨. 마이크로소프트가 윈도 95를 출시하며 매킨토시가 위협받자 길 아멜리오는 새로운 운영 체계 개발을 위해 넥스트와 협상함.
12월 20일 현금 3억 7,750만 달러와 애플 주식 150만 주를 받고 넥스트를 애플에 매각함.

1997 •   8월 보스턴에서 열린 맥월드 엑스포에서 경쟁사인 마이크로소프트와 제휴를 발표하고 투자를 받음.
9월 16일 길버트 아멜리오가 사임하고 잡스가 임시 CEO를 맡음. 방만한 애플 제품을 정리하고 네 가지 방향으로 단순화하는 한편 경영 상태를 개선하기 위해 3,000명 이상의 직원을 해고함.
매킨토시의 '1984' 광고를 맡았던 리 클라우가 제안한 "다른 것을 생각하라 Think Different"를 내세워 애플 브랜드 이미지 광고를 시작함.

1998 •   3월 컴팩 컴퓨터에서 일하던 팀 쿡이 애플에 입사하며 부품업체를 정리하고 조립처를 일원화하는 등 프로세스 혁신을 진행함.
5월 6일 애플 세계 개발자 회의에서 아이맥을 발표함. 모니터, 컴퓨터가 하나로 결합된 형태, 유선형 곡선과 내부가 훤히 들여다보이는 반투명 플라스틱 케이스 등 신선한 디자인으로 큰 인기를 얻음. 발표한 첫 주에만 25만 대가 넘게 팔림.

- **1999** · 1월 아이맥 C형이 다섯 가지 색상의 모델로 출시됨. 4월에는 D형, 10월에는 DV/SE 버전이 출시됨.

- **2000** · 1월 5일 맥월드에서 애플의 정식 CEO로 취임함. 넥스트 스텝을 발전시킨 새로운 매킨토시 운영 체계 OS X를 공개함.

- **2001** · 1월 맥월드에서 PC가 음악, 사진, 동영상 기기를 연결하여 관리하는 허브 역할을 해야 한다는 디지털 허브 전략을 발표하며 아이튠즈를 공개함.
  10월 신제품 발표회에서 "주머니 속의 1,000가지 음악"이라는 캐치프레이즈와 함께 아이튠즈에 동기화하여 사용하기 편리한 MP3 플레이어 아이팟을 소개함.
  5월 버지니아 주의 쇼핑몰 '타이슨스 코너'에 애플 제품을 판매하고 차별화된 서비스를 제공하는 애플 직영매장 애플 스토어를 처음 개장함.

- **2002** · 1월 7일 전기스탠드 모양의 디스플레이 일체형 제품인 아이맥 G4를 출시함.

- **2003** · 4월 28일 99센트를 내면 고품질의 음악 파일을 다운로드 받을 수 있는 아이튠즈 뮤직 스토어가 맥 사용자들을 대상으로 선보임. 10월에는 윈도 사용자들을 위한 아이튠즈 뮤직 스토어도 공개함.
  10월 종합검진을 받던 중 췌장에서 종양을 발견함. 개복 수술에 대해 거부감이 있어 수술 대신 식이요법과 대체요법을 선택함.

- **2004** · 2월 20일 아이팟의 소형 버전으로 후에 아이팟 나노로 교체되는 아이팟 미니를 발표함.
  8월 식이요법과 대체요법이 소용없자 스탠퍼드 대학교 의학센터에서 첫 췌장암 수술 받음. 병가를 내고 팀 쿡에게 애플의 경영을 맡김.
  9월 모니터와 본체를 한데 묶은 올인원 방식의 아이맥 G5를 출시함. 아이맥 G5는 평면 모니터 내부에 전원 공급 장치, 하드디스크, 드라이브, 스피커 등 본체의 모든 부품을 장착함.

- **2005** · 1월 11일 재생 순서를 무작위로 바꿔주는 아이팟 셔플을 출시함.
  6월 스탠퍼드 대학교 졸업식에서 인생의 경험, 사랑과 상실, 죽음에 관한 세 가지 이야기를 들려주는 명연설을 함.
  9월 7일 휠 대신 액정 화면에 터치 기능이 있는 아이팟 나노를 발표함. 모토로라와 제휴하여 아이팟을 탑재한 휴대전화 로커를 발표함.

- **2006** · 1월 24일 월드디즈니가 74억 달러에 픽사를 인수하자 잡스는 디즈니에 대한 7퍼센트의 지분을 가지며 최대 개인주주가 됨.

2월 아이튠즈 스토어에서 10억 번째 곡이 판매되었고 밥 딜런의 모든 노래가 담긴 디지털 패키지 세트의 판매를 시작함.
5월 16일 기존의 아이북을 대체하는 노트북 맥북을 발표함. 한 개의 알루미늄 통판을 깎아 만든 유니바디로 제작된 맥북은 가장 얇고 가벼운 노트북으로 주목 받음.

2007 • 1월 9일 맥월드 엑스포에서 휴대전화, 디지털 카메라, MP3 플레이어 및 개인 컴퓨터 기술을 결합한 아이폰을 출시함. 회사명을 애플 컴퓨터 주식회사에서 애플 주식회사로 변경함.
9월 5일 아이폰처럼 터치스크린을 눌러 음악을 듣거나 애플리케이션을 즐길 수 있는 아이팟 터치를 발표함.

2008 • 1월 15일 맥북보다 더 얇고 가벼운 초경량 노트북 맥북 에어를 출시함.
7월 10일 아이튠즈 스토어 안에 소프트웨어 상점인 아이폰 앱 스토어를 오픈함.
7월 11일 아이폰 3G를 발표함.

2009 • 4월 췌장암이 다른 곳으로 전이되자 병가를 내고 멤피스에 있는 메소디스트 대학병원에서 간 이식 수술을 받음.
6월 아이폰 3G보다 성능이 향상된 아이폰 3GS를 공개함.
9월 정기 가을 뮤직 이벤트 무대에 서며 애플에 복귀함.

2010 • 1월 27일 샌프란시스코에서 태블릿 PC 아이패드를 발표함. 미디어 콘텐츠 플랫폼 아이북 스토어도 함께 공개됨.
2월 아이튠즈 스토어에서 100억 번째 곡이 판매되었고, 비틀스 음원 판매를 시작함.
5월 28일 아이폰과 아이패드의 성공으로 애플의 시가 총액이 마이크로소프트를 넘어섬.
6월 24일 아이폰 4를 출시함. 아이폰 4의 수신율 문제로 '안테나 게이트'가 발생함.

2011 • 1월 17일 잡스가 무기한 병가를 내고 팀 쿡이 경영을 맡음.
2월 아이패드 2를 발표함. 경쟁사들의 7인치 태블릿 PC는 "출시하는 즉시 사망할 운명"이라고 비난함.
8월 24일 잡스가 CEO에서 물러남. 팀 쿡이 애플의 새로운 CEO가 됨.
10월 5일 췌장암으로 인한 호흡정지로 스티브 잡스 사망함.

한미화

홍익대학교에서 독일문학을 공부했고, 웅진출판과 한국출판마케팅연구소에서 일했다. 출판칼럼니스트로 일하며 책과 출판에 관해 글을 쓰고 방송을 하고 있다. 그동안 여러 매체를 통해 활동했고 지금은 〈황정민의 FM대행진〉에서 '한미화의 서점가는 길'을 진행하고 있으며, KBS 1TV 〈즐거운 책읽기〉에서 북클럽 패널로 출연 중이다. 그동안『우리 시대 스테디셀러의 계보』『베스트셀러 이렇게 만들어졌다 1-2』『책 읽기는 게임이야』등의 책을 썼다.

잡스 사용법

1판 1쇄 발행 2012년 10월 5일
1판 2쇄 발행 2013년 7월 15일

지은이 한미화
펴낸이 하연수
펴낸곳 기획출판 거름

편집 서윤정
디자인 허민정

출판등록 제7-11호(1979년 6월 28일)
주소 121-820 서울시 마포구 망원동 338-78 정하빌딩 2층
전화 (02)333-2121 팩스 (02)333-7877
이메일 keorum1@naver.com

ⓒ 한미화·기획출판 거름, 2012

ISBN 978-89-340-0397-7 (03320)

- 책값은 뒤표지에 있습니다.
- 잘못 만들어진 책은 구입하신 곳에서 바꾸어 드립니다.
- 이 책은 저작권법에 따라 보호받는 저작물이므로 무단전재와 무단 복제를 금합니다.